Acta sunt hec Dresdene ...

B 3

Veröffentlichungen des Sächsischen Staatsarchivs

Reihe B: Kleine Schriften

Band 3

Herausgegeben vom Sächsischen Staatsarchiv
In Kommission bei mdv Mitteldeutscher Verlag,
Halle/Saale, 2006

Hauptstaatsarchiv Dresden

Acta sunt hec Dresdene ...

Die Ersterwähnung Dresdens in der Urkunde vom 31. März 1206

Bearbeitet von Eckhart Leisering

Impressum

2., durchgesehene Auflage

Reihengestaltung: Julie August + Sabine Golde, Leipzig
Abbildung: Urkunde vom 31. März 1206, darauf aufgelegt Siegel Markgraf Dietrichs von Meißen (Exemplar von 1207), Bischof Dietrichs II. von Meißen (Exemplar von 1206) und Burggraf Ottos I. von Dohna (Exemplar von 1235) sowie ältestes Stadtsiegel von Dresden (ab 1301 nachweisbar, Exemplar von 1309)
Sächsisches Staatsarchiv, Hauptstaatsarchiv Dresden, 10001 Ältere Urkunden, Nr. 148, 156, 331 und 1872, 12856 Domkapitel Meißen (Depositum), Nr. 20

Druck: Druckhaus Schütze GmbH, Halle/S.
Printed in Germany.

ISBN 3-89812-320-0

VORWORT

Dresden wird in einem Schiedsspruch erstmals erwähnt, den Markgraf Dietrich von Meißen am 31. März 1206 in einem Rechtsstreit zwischen Bischof Dietrich II. von Meißen und Burggraf Heinrich II. von Dohna fällte. Die Urkunde, die über diesen Schiedsspruch ausgestellt wurde, befindet sich heute im Hauptstaatsarchiv Dresden.[1] Sie bildet seit 1906 in Dresden die Grundlage für das Stadtjubiläum. 2006 wird Dresden somit seine 800-Jahrfeier begehen.

Das Sächsische Staatsarchiv, dessen Dienststelle das Hauptstaatsarchiv Dresden ist, hat das bevorstehende Jubiläum zum Anlass genommen, die Ersterwähnungsurkunde von Dresden als Reproduktion mit einem Begleitband zu publizieren. Im Begleitband wird der lateinische Text der Urkunde einer deutschen Übersetzung gegenübergestellt, der Inhalt der Urkunde erläutert und in die historischen Abläufe der Zeit um 1200 eingeordnet. Dabei wird deutlich, dass dieses Dokument nicht nur für Dresden, sondern auch für zahlreiche andere Orte von Bedeutung ist. Mit Döhlen, Erdmannsdorf, Frankenberg, Gommern, Gompitz, Gorbitz, Kaitz, Lautitz, Lohma, Ostra, Plauen, Potschappel, Reinhardtsgrimma, Schellenberg[2], Wermsdorf, Wurgwitz, Zehmen und Zetzscha werden 18 weitere Orte nach gegenwärtigem Kenntnisstand erstmals erwähnt, darunter mehrere heutige Stadtteile Dresdens sowie der Dresdner Nachbarstädte Freital und Heidenau. Als Grundlage der hier vorgelegten Übersetzung diente neben dem Original der Urkunde eine 1956 publizierte Übersetzung des früheren Dresdner Stadtarchivars und Stadtbibliothekars Heinrich Butte. Die Übersetzung wurde zum Teil nicht exakt wörtlich vorgenommen. An einigen Stellen war eine sinngemäße Wiedergabe im heutigen Deutsch vorzuziehen.

Die Publikation richtet sich in erster Linie an historisch interessierte Bürger, die sich über die Ersterwähnung Dresdens und der anderen genannten Orte informieren möchten. Im Sinne einer guten Lesbarkeit wurden Anmerkungen sehr sparsam verwendet. Für Leser mit entsprechendem Interesse befindet sich stattdessen am Ende des Bandes eine Auswahl weiterführender Literatur.

Für die hier vorgelegte Publikation haben das Landesamt für Archäologie Sachsen, die Abteilung Deutsche Fotothek der Sächsischen Landesbibliothek – Staats- und Universitätsbibliothek Dresden, das

1 Sächsisches Staatsarchiv, Hauptstaatsarchiv Dresden, 10001 Ältere Urkunden, Nr. 148.
2 Heute Augustusburg.

Stadtmuseum Dresden sowie Herr Kammer (Freital-Pesterwitz, Chronist) Bildvorlagen zur Verfügung gestellt. Allen diesen Institutionen und Personen sei dafür herzlich gedankt. Für wertvolle fachliche Hinweise gilt der Dank des Bearbeiters Frau Dr. Günther (Stadtmuseum Dresden), Herrn Beutmann und Herrn Dr. Reiß (beide Landesamt für Archäologie Sachsen) sowie Herrn Burkhardt (Landratsamt Weißeritzkreis, Kreisarchivar), für die Beteiligung an der Endredaktion und Korrektur des Manuskripts Herrn Dr. Ludwig und Herrn Dr. Wolf (beide Sächsisches Staatsarchiv, Zentrale Aufgaben, Grundsatz) sowie Frau Tonert und Herrn Dr. Wiegand (beide Sächsisches Staatsarchiv, Hauptstaatsarchiv Dresden), für die teilweise recht komplizierte Bildbearbeitung Frau Reinhardt (Sächsisches Staatsarchiv, Hauptstaatsarchiv Dresden).

Dresden im September 2005

Eckhart Leisering

INHALT

Text und Übersetzung der Urkunde vom 31. März 1206

In nomine sancte et individue trinitatis. Tidericus dei gratia Misnensis marchio omnibus Christi fidelibus, ad quos presens pagina pervenerit, certa tenere et incerta dimittere. Cum omnium habere memoriam et in hiis que gesta sunt in nullo deviare divinum sit potius quam humanum, idcirco ne presentium posteritas dubitare valeat in futurum, que inter ecclesiam Misnensem et Henricum burcgravium de Donin arbitrati fuimus, hoc sigilli nostri munimine roborato duximus referendum.

Notum sit itaque tam presentibus quam futuris, quod cum causa, que inter dominum Tidericum Misnensem episcopum et capitulum suum ex una parte et Henricum dictum ex altera vertebatur super quodam castello, quod Thorun vocabatur, quod quidem castellum prefati episcopus et canonici Misnenses asserebant memoratum Henricum in bonis Misnensis ecclesie de novo contra iustitiam posuisse et per hoc bona ipsius ecclesie destruxisse, homines afflixisse et novas et indebitas exactiones et onera rusticis ecclesie indixisse, diutius ventilata finem debitum non fuisset sortita.

Placuit partibus memoratis ipsam causam nobis committere arbitrio decidendam, hinc inde in manu nostra fide data promittentibus, quod quicquid de causa ipsa arbitraremur, firmum tenerent et ratum et nulla umquam fraude vel astutia violarent. Nos igitur deum habentes pre oculis et utriusque partis iustitiam integram conservare volentes, de conscientia, consensu et voluntate ambarum partium hos viros bone opinionis et fame de ipso confinio Berchtoldum et Tidericum de Potshapel, Henricum de Lutiz, Fridericum et Bertoldum Karaz fratres, Reinoldum de Grimme et Hugonem fratrem eius, Wolfgangum Sholc, Arnoldum de Dolen, Burchardum de Kiz, Ottonem Riman, Timonem, Henricum Hildan, Tidericum de Komeram, Jordanum, Herbordum de Oztrov, Hermannum de Worganewiz, Hildebrandum de Gonpitz et alios quam plures, Johannem de Plawen, Brunzlaum et Petrum fratres ad presentiam nostram venire fecimus et iurare, quod amore, timore, odio, pretio et precibus pretermissis bona fide et absque omni fraude distinguerent bona ecclesie Misnensis et marchie Misnensis sita in illo confinio.

Hoc autem ideo fieri precipimus, quia dictus burcgravius constanter asserebat, quod prefatum castellum in bonis marchie et non ecclesie fundaverat, unde ad nos et non ad ipsam ecclesiam dictum castellum pertinere dicebat, nominando nos auctorem et warandum suum, ubicumque et quandocumque conveniebatur de castello sepius memorato.

Im Namen der heiligen und unteilbaren Dreieinigkeit. Dietrich von Gottes Gnaden Markgraf von Meißen allen Christi Gläubigen, an die das vorliegende Blatt gelangen wird, um Sicherheit zu erlangen und Ungewissheit zu beseitigen. Da es eher göttlich als menschlich ist, alles in Erinnerung zu haben und in dem, was geschehen ist, nicht zu irren, haben wir das, was wir zwischen der Kirche zu Meißen und dem Burggrafen Heinrich von Dohna entschieden haben, mit unserem Siegel beglaubigt aufzeichnen lassen, damit bei der Nachwelt künftig kein Zweifel entsteht.

Wir geben den Gegenwärtigen und den Künftigen bekannt, dass in der Rechtssache, die zwischen dem Bischof Dietrich von Meißen und seinem Domkapitel einerseits und dem genannten Heinrich andererseits über eine gewisse Thorun genannte Burg verhandelt wurde, bei weiteren Verhandlungen kein befriedigendes Ergebnis zu erwarten war. Von jener Burg behaupteten der Bischof und die Domherren zu Meißen, dass sie der genannte Heinrich unrechtmäßig in den Besitzungen der Meißner Kirche neu erbaut habe und dadurch den Besitz ihrer Kirche vernichtet, ihre Leute geschädigt und den Bauern der Kirche neue und unberechtigte Abgaben und Lasten auferlegt habe.

Es gefiel den genannten Parteien, uns diese Rechtssache zur schiedsrichterlichen Entscheidung zu überlassen und in unsere Hände zu versprechen, dass, wie wir in der Sache auch entscheiden sollten, dies rechtskräftig bleiben und von niemandem durch Betrug oder List verletzt würde. Wir haben also, Gott vor Augen und mit dem Willen, die Rechte beider Parteien vollständig zu wahren, mit Wissen, Einverständnis und Willen beider Parteien diese Männer guten Rufes aus diesem Grenzgebiet vor uns kommen und schwören lassen, dass sie ohne Berücksichtigung von Liebe, Furcht, Hass, Lohn und Bitten guten Glaubens und ohne allen Betrug die in diesem Grenzgebiet gelegenen Güter der Kirche zu Meißen und der Mark Meißen trennen würden: Berthold und Dietrich von Potschappel, Heinrich von Lautitz, die Brüder Friedrich und Berthold Karras, Reinhold von [Reinhardts-]Grimma und dessen Bruder Hugo, Wolfgang Scholz, Arnold von Döhlen, Burchard von Kaitz, Otto Riemann, Timo, Heinrich Hildan, Dietrich von Gommern, Jordan, Herbord von Ostra, Hermann von Wurgwitz, Hildebrand von Gompitz, Johann von Plauen, die Brüder Brunzlaus und Peter [von Briesnitz] und andere mehr.

Dies aber haben wir deshalb angeordnet, weil der genannte Burggraf hartnäckig behauptete, dass er die genannte Burg im Gebiet der Mark und nicht der Kirche erbaut habe. Er erklärte, dass er die genannte Burg von uns und nicht von dieser Kirche besitze, nannte uns seinen Veranlasser und Bürgen für die oft genannte Burg, wo immer und wie oft es anging.

Quos quidem viros iuratos cum nostris nuntiis nobilibus viris Erkenberto burcgravio de Dewin et Erkenboldo de Grizlav ad locum misimus, de quo questio vertebatur. Prenominati igitur viri bona ecclesie et marchie coram ipsis nuntiis limitantes, sub religione sacramenti hoc veraciter affirmabant, quod omnia a capite rivuli Zuchewidre usque ad finem descensus ipsius in flumen Bistrice et inde usque ad finem descensus ipsius Bistrice in Albiam contenta Misnensi ecclesie attinerent. Reversi ergo cum nuntiis nostris distinctionem quam fecerant in nostra sunt pesentia protestati.

Nos autem habito consilio plurimorum ibidem fuimus arbitrati, quod dictum castellum cum aliis contentis intra limites memoratos Misnensis essent ecclesie. Castellum etiam destrui iussimus, et ne quisquam hominum illud de cetero ausu temerario reedificare presumeret, dominus episcopus sub pena excommunicationis, nos vero sub periculo rerum et personarum curavimus inhibere.

Ut igitur hec rata et inconvulsa permaneant, presentem cartulam sigilli nostri inpressione munitam conscribi fecimus cum testibus infra notatis, quorum hec sunt nomina: Tidericus episcopus Misnensis, Bruno prepositus Misnensis, Guncelinus decanus, Tidericus custos, Tidericus prepositus Wrzinensis, Lutherus, Bertramus, Luprandus, Wipertus, Albertus canonici Misnenses, Burchardus prepositus de Lutmariz, Henricus canonicus Wrzinensis, Henricus de Werenboldisdorf, Henricus de Warin, Bernardus de Vesta, Bernardus de Trebzin, Cunradus de Mutsin, Petrus de Chulme, Ulricus antiquus de Donin, Henricus der Becelnewiz, Hartlip de Gurbewiz, Henricus et Albertus fratres de Sterenberc, Henricus Shotte, Henricus de Chorun, Heldolfus, Albertus Polonus, Cunradus pincerna, Cunradus de Brezeniz, Hildebrandus capellanus, Rabenoldus et Ulricus scriptores marchionis, Otto filius burcgravii de Donin, Henricus de Frankenberc, Cunradus Spanseil, Hugo de Ysenberc, Cunradus Silstranc, Burkardus Nichist, Timo de Lome, Wernherus Rinc, Fridericus de Cemin, Wernherus de Ertmaresdorf, Mecelin, Knapatz officiati curie, Bernhardus de Sessov, Cunradus de Yla, Wolframus et Petrus fratres de Shellenberc, Heidenricus et Ulricus capellarii, Ulricus canonicus Misnensis, Henricus marscalus.

Acta sunt hec Dresdene anno ab incarnatione domini M^{o}CC VI°, indictone IX^{a}, II Kalendas Aprilis anno domini Phylippi regis augusti regni VIII°, feliciter amen.

Die geschworenen Männer haben wir mit unseren Gesandten, den edlen Herren Burggraf Erkenbert von Döben und Erkenbold von Greißlau, an den Ort geschickt, um den der Streit entbrannt war. Die obengenannten Männer haben also die Güter der Kirche und der Mark in Gegenwart dieser Gesandten abgegrenzt und unter dem Sakrament der Religion aufrichtig versichert, dass alles von der Quelle des Baches Zuchewidre[1] bis zu dessen Mündung in den Fluss Weißeritz und von dort bis zur Mündung der Weißeritz in die Elbe der Meißner Kirche gehört. Mit unseren Boten zurückgekehrt, haben sie ihre Entscheidung in unserer Gegenwart verkündet.

Wir aber haben nach dem Rat der Mehrzahl dort entschieden, dass die genannte Burg mit den anderen Besitzstücken innerhalb der genannten Grenzen der Meißner Kirche gehört. Außerdem haben wir befohlen, dass diese Burg zerstört werden und niemand das Wagnis unternehmen solle, sie wieder aufzubauen, der Herr Bischof bei Strafe der Exkommunikation und wir bei Gefahr für Gut und Person.[2]

Damit dies also rechtskräftig und unerschütterlich bleibe, haben wir diese Urkunde mit dem Aufdruck unseres Siegels befestigt schreiben lassen mit den unten verzeichneten Zeugen, die folgende Namen haben: Bischof Dietrich von Meißen, Propst Bruno von Meißen, Dechant Gunzelin, Küster Dietrich, Propst Dietrich von Wurzen, die Meißner Domherren Luther, Bertram, Luprand, Wiprecht und Albrecht, Propst Burchard von Leitmeritz, der Wurzener Domherr Heinrich, Heinrich von Wermsdorf, Heinrich von Wahren, Bernhard von Vesta, Bernhard von Trebsen, Konrad von Mutzschen, Peter von Collm, Ulrich der Alte von Dohna, Heinrich von Becelnewiz, Hartlieb von Gorbitz, die Brüder Heinrich und Albrecht von Sternberg, Heinrich Schotte, Heinrich von Kohren, Heldolf, Albrecht Pole, Konrad Schenk, Konrad von Prießnitz, Kaplan Hildebrand, die Schreiber des Markgrafen Rabenold und Ulrich, der Sohn Otto des Burggrafen von Dohna, Heinrich von Frankenberg, Konrad Spanseil, Hugo von Eisenberg, Konrad Silstranc, Burkhard Nichist, Thimo von Lohma, Werner Ring, Friedrich von Zehmen, Werner von Erdmannsdorf, Mecelin und Knapatz, Hofbeamte, Bernhard von Zetzscha, Konrad von Eula, die Brüder Wolfram und Peter von Schellenberg, die Kapläne Heidenreich und Ulrich, der Meißner Domherr Ulrich, Heinrich Marschall.

Geschehen ist dies in Dresden im Jahr 1206 nach der Fleischwerdung des Herren in der 9. Indiktion an den 2. Kalenden des April im 8. Regierungsjahr des Herrn Philipp des erhabenen Königs. Heil und Segen! Amen.

1 Wahrscheinlich die Wiederitz, ein Bach der in Freital-Potschappel in die Weißeritz mündet.

2 Die Strafandrohung des Markgrafen ist offenbar so zu verstehen, dass jener sich bei Zuwiderhandlungen die Durchsetzung des Schiedsspruchs auch mit Gewalt vorbehielt.

Das äußere Erscheinungsbild der Urkunde

Die Ersterwähnungsurkunde von Dresden ist, wie im Mittelalter allgemein üblich, auf Pergament geschrieben. Dieser aus Tierhäuten, in Deutschland meist aus Kalbshäuten, hergestellte Beschreibstoff war teuer und nur begrenzt verfügbar. Dies führte dazu, dass auch in rechtsverbindlichen Urkunden Platz gespart wurde, indem man die zahlreichen zur Verfügung stehenden Abkürzungen anwendete. Solche Abkürzungen sind auch in der Urkunde vom 31. März 1206 sehr häufig vorhanden. Sie wurden bei der obigen Textwiedergabe stillschweigend aufgelöst. So steht zum Beispiel für das lateinische Wort „episcopus" (Bischof) in der fünften Zeile der Urkunde die im Mittelalter sehr übliche Kürzung „eps" sowie für „et" (und) an zahlreichen Stellen ein konventionelles Kürzungszeichen, das eine entfernte Ähnlichkeit zur arabischen Ziffer 7 aufweist.

Abb. 1 Kürzung „eps" für „episcopus" (Bischof) in der Urkunde von 1206

Abb. 2 Kürzungszeichen für „et" (und) in der Urkunde von 1206

Die durch starke Überhöhungen der Oberlängen der Buchstaben und Schnörkelbildung besonders an diesen Oberlängen gekennzeichnete Schrift der Urkunde weist in dieser Beziehung und auch sonst die typischen Merkmale romanischer Urkundenschriften aus der Zeit um 1200 auf. Es handelt sich um eine sogenannte diplomatische Minuskel, also um eine Urkundenschrift, bei der abgesehen von Wortanfängen und der üblichen Auszeichnungsschrift in der ersten Zeile der Urkunde durchgängig Kleinbuchstaben verwendet wurden. Die Schrift weist schon erhebliche kursive Elemente auf, das heißt zahlreiche Buchstaben sind, wie auch

Herstellung von Pergament im Mittelalter

Von den für die Pergamentherstellung verwendeten Kalbs-, Ziegen- oder Hammelfellen wurden nach einem dreitägigen Kalkbad die Haare abgeschabt. Danach wurde die Haut gespannt und getrocknet, mit Bimsstein bearbeitet sowie mit Kreide überzogen. Zum Schreiben wurde die Fleischseite der Haut verwendet. Die beschränkte Verfügbarkeit von geeigneten Tierhäuten und die aufwändige Bearbeitung schlug sich im Preis des Pergaments nieder. Der Übergang zum in Hinblick auf Rohstoffbeschaffung und Herstellung wesentlich kostengünstigeren Papier als Beschreibstoff, der in Deutschland allmählich im 14. Jahrhundert einsetzte, war somit eine wesentliche Voraussetzung für eine Intensivierung der Schriftlichkeit der Verwaltung.

in heutigen Schreibschriften üblich, miteinander verbunden. Die Verwendung einer zeittypischen Schrift ist ein wesentliches Echtheitskriterium der Urkunde. Die im Mittelalter recht häufigen Urkundenfälschungen, die meist erst erheblich nach dem behaupteten Ausstellungsdatum entstanden, weichen in vielen Fällen im Schriftduktus vom Stil der Zeit ab, aus der sie zu stammen behaupten.

Die Urkunde von 1206 ist 50 cm hoch und 26,5 cm breit. Das dafür verwendete Pergamentstück ist, wie damals üblich, am unteren Rand umgebogen und gefaltet worden, um die Befestigung des Siegels zu erleichtern. Das Siegel hängt hier an einer Hanfschnur, die durch Löcher im umgebogenen Teil des Pergaments, in der sogenannten Plica, hindurchgezogen ist. Bedingt durch den Umbug geht die Schnur durch zwei Lagen Pergament. Dadurch wird die Gefahr des Abreißens des Siegels reduziert. Hanffäden kommen zur Siegelbefestigung bei Urkunden der Markgrafen von Meißen eher selten vor, sind aber auch nicht völlig ungewöhnlich. Beispielsweise befinden sie sich auch an beiden Ausfertigungen einer Urkunde vom 18. März 1221.[3] Dort erteilte die aus dem thüringischen Landgrafenhaus stammende Jutta, Witwe des Markgrafen Dietrich von Meißen, zusammen mit ihrem Sohn Heinrich und ihrem Halbbruder, Landgraf Ludwig IV. von Thüringen, zum Seelenheil ihres kurz zuvor verstorbenen Ehemanns dem Kloster Altzella Befreiungen von markgräflichen Zöllen, Abgaben und Gerichtsbarkeiten. Das für die Siegelbefestigung verwendete Material ist bei Urkunden Markgraf Dietrichs von

3 Sächsisches Staatsarchiv, Hauptstaatsarchiv Dresden, 10001 Ältere Urkunden, Nr. 236a und 236b.

Meißen selbst recht schwankend. Neben den häufigen Seidenfäden treten an seinen Urkunden auch Leinenfäden und Pergamentstreifen auf. Es hat den Anschein, dass es bei der Siegelbefestigung an Urkunden dieses Markgrafen keine festen Regeln gab und man beim Fehlen von Seide gelegentlich auch zu anderen Materialien griff. Die etwas ungewöhnliche Siegelbefestigung mit Hanffäden an der Urkunde von 1206 ist somit kein hinreichender Verdachtsmoment gegen die Echtheit der Urkunde, zumal alle anderen äußeren Merkmale des Stückes und sein Inhalt unverdächtig sind.

Markgraf Dietrich von Meißen ist auf dem Siegel als Reiter dargestellt, der ein Schild und eine Lehnsfahne hält. Auf dem Schild ist ein aus zwei Pfählen bestehendes Wappen zu erkennen, das später als Teilwappen auch Eingang in das Dresdner Stadtwappen gefunden hat. Es handelt sich um das neben dem meißnischen Löwen[4] früheste Wappen der Wettiner, die Landsberger Pfähle[5]. Beide Wappen waren ursprünglich nicht auf einen bestimmen Teil der wettinischen Besitzungen beschränkt. Die Zuordnung der Wappen zur Markgrafschaft Meißen bzw. zur 1263 bei einer Landesteilung gebildeten Markgrafschaft Landsberg[6] erfolgte später. Die Fahne symbolisiert, dass Dietrich mit der Markgrafschaft Meißen ein Fahnlehen innehatte, das ihn als Reichsfürsten kennzeichnete. Die Siegelumschrift lautet THEODERICUS DEI GRA[TIA] MARCHIO MISNENSIS, also „Dietrich von Gottes Gnaden Markgraf von Meißen". Siegelbild und -umschrift sind für die Zeit um 1200 typisch und in ähnlicher Form auch bei anderen Fürsten anzutreffen. Das konkrete Siegel hat Markgraf Dietrich, der im Verlauf seines Lebens insgesamt fünf verschiedene Siegelstempel verwendete, von 1206 bis 1211 geführt. Die Urkunde vom 31. März 1206 ist das früheste Belegstück für dieses Siegel. Nachdem 1210 im Erbgang die Ostmark im Gebiet der heutigen Niederlausitz an Markgraf Dietrich gefallen war, wurde dieses Siegel durch ein neues mit erweiterter Titulatur ersetzt.

4 In goldenem Schild schwarzer Löwe.
5 In goldenem Schild zwei blaue Pfähle.
6 Nach Landsberg nordöstlich von Halle im heutigen Saalkreis.

Abb. 3 Von 1206 bis 1211 verwendetes Siegel Markgraf Dietrichs von Meißen, Exemplar an einer Urkunde von 1207

Die Urkunde weist bei insgesamt gutem Erhaltungszustand zwei erhebliche Beschädigungen auf. Die Schrift im unteren Teil der Urkunde ist durch Abrieb teilweise deutlich verblasst. Das Siegel weist erhebliche Fehlstellen auf, die mit großer Wahrscheinlichkeit im Zusammenhang mit der Auslagerung der Urkunde im Zweiten Weltkrieg entstanden sind. Wie eine aus Anlass der 700-Jahrfeier von Dresden 1906 entstandene Abbildung der Urkunde zeigt, war es damals noch intakt. Um ein Fortschreiten der Schäden an der Schrift zu verhindern, ist die Urkunde, die bis dahin in der schon im Mittelalter entstandenen gefalteten Form aufbewahrt worden war, im Jahr 2004 plangelegt worden. Das Siegel wurde im gleichen Jahr stabilisiert. Die in der linken oberen Ecke befindliche große Fehlstelle im Siegel wurde mit hellem Wachs ergänzt, ohne das Siegelbild wiederherzustellen. Es ist im Interesse einer späteren Erforschung oftmals sinnvoller, bei einem Siegel nur die vorhandenen Teile zu konservieren, aber auf eine Rekonstruktion des ursprünglichen Zustands zu verzichten. Das in Abbildung 3 gezeigte gut erhaltene Siegel von 1207 wurde mit demselben Stempel hergestellt, wie das an der Ersterwähnungsurkunde von Dresden und vermittelt somit ein genaues Bild des früheren Aussehens des Siegels an der Urkunde von 1206.

Siegel an mittelalterlichen Urkunden

Im Hoch- und Spätmittelalter war eine Beglaubigung von Urkunden durch Unterschriften der Aussteller wenig üblich. Hauptursache dafür war wohl, dass auch mittelalterliche Herrscher des Schreibens oft nicht oder kaum mächtig waren. An die Stelle der Unterschrift traten symbolische Beglaubigungsformen, deren verbreitetste das Siegel war. Es wurde am häufigsten aus Bienenwachs hergestellt, das aus Ersparnisgründen mit verschiedenen Zusatzstoffen wie zum Beispiel Harzen oder Sägespänen versetzt wurde. Die Zusatzstoffe bedingen auch eine unterschiedliche Festigkeit der überkommenen Siegel, die sich im Erhaltungszustand widerspiegelt. Neben Wachs wurde für besonders feierliche Urkundenausfertigungen von Kaisern, Königen und Päpsten auch Gold zum Siegeln verwendet. Die Päpste siegelten für einfachere Ausfertigungen mit Blei. Solche Metallsiegel werden als Bullen bezeichnet.

Inhalt der Urkunde

Datierung der Urkunde von 1206

Die einleitende Formulierung „Acta sunt hec ...“ des Urkundendatums zeigt, dass nicht die Ausstellung der Urkunde, sondern die der Urkunde zugrundeliegende Rechtshandlung datiert wurde. Deren Beurkundung kann durchaus auch einige Tage später erfolgt sein. Während die Jahresangabe dem noch heute üblichen Stil entspricht, wurde für die Monats- und Tagesangabe die heute nicht mehr übliche römische Zeitrechnung verwendet. Diese aus der Antike stammende Datierungsart war neben der Datierung nach Heiligentagen und christlichen Feiertagen im Mittelalter sehr verbreitet. Dabei wurden die Monatsersten als Kalenden bezeichnet. Die Nonen fielen in den Monaten März, Mai, Juli und Oktober auf die siebenten, sonst auf die fünften Tage der Monate. Analog dazu wurden die fünfzehnten bzw. dreizehnten Tage der Monate als Iden bezeichnet. Zu den Kalenden, Nonen und Iden wurde jeweils – unter Einschluss des Stichtages selbst – rückwärts gezählt. Mit den zweiten Kalenden des April ist somit der Tag vor den Kalenden des April (1. April) gemeint, also der 31. März. Dies ist ein Datum nach dem damals in Europa allein gültigen Julianischen Kalender. Daten vor der Einführung des Gregorianischen Kalenders, der sich ab 1582, beginnend mit den katholischen Ländern, in einem langen Prozess allmählich durchsetzte, werden grundsätzlich nur nach dem Julianischen Kalender angegeben, da die Gregorianische Kalenderreform eine rückwirkende Umrechnung von Daten vor seiner Einführung nicht vorsieht. Die in der Datierung ebenfalls enthaltene Indiktion bezeichnet einen sich wiederholenden Zyklus von 15 Jahren, der drei Jahre vor der christlichen Zeitrechnung einsetzt und in der späten römischen Kaiserzeit als Steuerzyklus diente. In jedem dieser Zyklen wurden die Jahre erneut von 1 bis 15 durchgezählt. Das Jahr 1206 lag danach tatsächlich im angegebenen neunten Jahr der damals laufenden Indiktion. Die Jahresangabe der Urkunde wird damit nochmals bekräftigt.

Die erste schriftliche Erwähnung Dresdens geschah eher beiläufig. Dresden war Verhandlungsort eines markgräflichen Schiedsspruches vom 31. März 1206, der nicht den Ort selbst, sondern eine südöstlich davon im heutigen Stadtgebiet von Freital gelegene Burg betrifft. Dieser

Abb. 4 Burgwartsberg Pesterwitz. Blick von der Südostecke des Außenwalls der ehemaligen Burg Thorun nach Nordwesten

Schiedsspruch hat eine Vorgeschichte, die bis ins Jahr 1201 zurückverfolgt werden kann. Am 2. Juni 1201 beauftragte Papst Innozenz III. den Erzbischof von Magdeburg und den Propst des Augustiner-Chorherrenstifts Seeburg[7], den Burggrafen von Dohna unter Androhung von Kirchenstrafen zu bewegen, entfremdete Besitzungen des Bistums Meißen zurückzugeben, auf denen jener auch eine Burg errichtet habe. Der zugrundeliegende Streit, in dem sich Bischof Dietrich II. von Meißen offenbar hilfesuchend an den Papst gewandt hatte, zog sich noch über Jahre hin. Dass die angedrohten Kirchenstrafen gegen den Burggrafen wirklich ausgesprochen wurden, ist zwar nicht überliefert, aber sehr wahrscheinlich. Als die Streitparteien erkannten, dass sie die entstandene Situation, die für beide Seiten nachteilig war, nicht aus eigener Kraft auflösen konnten, wandten sie sich an den Markgrafen Dietrich von Meißen als Schiedsrichter. Klarheit über den konkreten Inhalt des Streits ist erst aus dem Schiedsspruch zu gewinnen, den jener am 31. März 1206 in dieser Sache fällte. In der Urkunde von 1206 wird auch erstmals das Streitobjekt namentlich genannt, die von Burggraf Heinrich II. von Dohna errichtete Burg Thorun. Bei dem Burgnamen handelt es sich wahrscheinlich wie bei der einige Jahrzehnte später gegründeten Stadt Thorn[8] um eine

7 Am Süßen See zwischen Halle und Eisleben.
8 Heute Toruń (Polen).

Namensübertragung von der Burg Toron an der Straße von Tyros nach Damaskus, die 1197 erfolglos durch die Kreuzfahrer belagert wurde. Diese Namensgebung spricht für eine mögliche Kreuzzugsteilnahme Burggraf Heinrichs II. von Dohna in den Jahren 1197/98. Nach heutigem Forschungsstand kann die Burg Thorun auf dem Burgwartsberg im jetzigen Freitaler Ortsteil Pesterwitz lokalisiert werden.

Kreuzfahrerburg Toron

Die Burg im heutigen Tibnin (Libanon) wurde 1105 vom französischen Kreuzfahrer Hugo von St.-Omer erbaut und war das Zentrum der gleichnamigen Herrschaft im Königreich Jerusalem. Nach der vernichtenden Niederlage der Kreuzfahrer gegen die Truppen des Sultans Saladin in der Schlacht bei Hattin fiel sie 1187 in dessen Hand. Im von Kaiser Heinrich VI. initiierten Kreuzzug wurde die Burg ab November 1197 belagert. Eine nach Anfangserfolgen der deutschen Kreuzfahrer schon geplante Übergabe scheiterte letztlich am Misstrauen der Belagerten, die fürchteten, nach einer Kapitulation getötet zu werden. Die Nachricht vom bereits am 28. September 1197 erfolgten Tod Kaiser Heinrichs VI. und das Herannahen eines ägyptischen Entsatzheeres führten dazu, dass die Belagerung von Toron Anfang 1198 aufgegeben wurde. 1219 wurde Toron auf Befehl des Sultans al-Muazzam geschleift. Erst 1229 gelangte die Burg durch einen Vertrag zwischen Kaiser Friedrich II. und Sultan al-Kamil an die Kreuzfahrer zurück und wurde wieder aufgebaut. 1266 kapitulierte Toron fast kampflos vor den Truppen des Sultans Baibar und ging damit den Kreuzfahrern auf Dauer verloren.

Die Anrufung einer von beiden Seiten anerkannten Autorität als Schiedsrichter in einem Streitfall war ein im Mittelalter sehr verbreitetes Verfahren. Allerdings dürften im vorliegenden Fall beide Seiten für die Wahl des Markgrafen von Meißen als Schiedsrichter keine wirkliche Alternative gehabt haben. Der mit Abstand bedeutendste Herrschaftsträger des Raumes, in dem es zu den Besitzstreitigkeiten gekommen war, konnte in dieser Angelegenheit, die auch seine Interessen unmittelbar berührte, nicht übergangen werden. Burggraf Heinrich II. von Dohna, der, wie weiter unten noch gezeigt wird, damals gegenüber dem Markgrafen in einer ungünstigen territorialpolitischen Situation war, wird diesen Schiedsrichter möglicherweise nur der Not gehorchend gewählt haben. Die Burg Thorun stellte wegen ihrer strategisch günstigen Lage im Fall eines bewaffneten Konflikts zwischen dem Burggrafen von Dohna und dem Markgrafen von Meißen eine erhebliche Bedrohung für die markgräflichen Besitzungen um Dresden dar. Der Burggraf von Dohna hätte mit Thorun als Ergänzung zur Burg Dohna südwestlich von Dresden auch südöstlich der Stadt einen Stützpunkt gehabt. Somit war zu befürchten, dass der Markgraf eher zu einer Entscheidung gegen die Burg neigen würde.

Dennoch spricht die Schilderung der Urkunde über den Verlauf der dem Schiedsspruch vorausgehenden Ermittlungen dafür, dass sich Dietrich zumindest bemühte, eine objektive Entscheidung in dieser Sache zu fällen. Unter Leitung von zwei aus edelfreien Familien stammenden markgräflichen Boten, Burggraf Erkenbert von Döben und Erkenbold von Greißlau, wurden Schiedsrichter vor Ort geschickt, die die dortigen Verhältnisse untersuchen sollten. 21 Mitglieder[9] dieser Kommission werden in der Urkunde namentlich angeführt. Unter den Schiedsrichtern befanden sich einige Dienstleute sowohl des Burggrafen als auch des Bischofs. Dies scheint darauf hinzudeuten, dass die Streitparteien jeweils Personen ihres Vertrauens für die Kommission benennen durften. Falls es wirklich nicht mehr als 21 Kommissionsmitglieder gab, könnte gemäß mittelalterlicher Rechtsgepflogenheiten angenommen werden, dass beide Parteien je zehn Schiedsrichter entsandt hätten, zu denen noch ein unparteiischer „Übermann" kam, der im Fall einer Pattsituation die Entscheidung zu treffen hatte. Eine sichere Klärung der Frage, wie die Schiedskommission ernannt wurde, ist anhand der vorhandenen Überlieferung jedoch nicht möglich.

Speziell sollten die Schiedsrichter feststellen, ob die Burg Thorun, wie vom Burggrafen von Dohna behauptet, mit markgräflicher Zustimmung auf dessen Gebiet erbaut worden sei oder ob sie auf bischöflichem Gebiet stehe. Im Ergebnis kamen sie zu einer Grenzbeschreibung zwischen bischöflichen und markgräflichen Besitzungen für das umstrittene Gebiet, die sich an Wasserläufen orientierte. Die Grenze verlief demnach von der Quelle des Baches Zuchewidre bis zu dessen Mündung in die Weißeritz und von dort bis zur Mündung der Weißeritz in die Elbe. Der Bach

9 Die Aufzählung enthält die Formulierung „et alios quam plures", also „und andere mehr". Ob dies hier wirklich ernsthaft in dem Sinn gemeint ist, dass es weitere namentlich nicht genannte Schiedsrichter gab, ist jedoch unsicher. Oftmals ist dies nur eine formelhafte Redewendung ohne tieferen Hintergrund. Seltsam mutet im konkreten Fall an, dass im lateinischen Originalwortlaut nach dieser Formulierung noch drei Schiedsrichter namentlich genannt werden. Dies könnte bedeuten, dass drei zunächst vergessene Personen nachträglich in den Text eingefügt wurden. Allerdings ist in der überlieferten Ausfertigung der Urkunde kein Nachtrag erkennbar.

Zuchewidre ist wahrscheinlich mit der südlich am Pesterwitzer Burgwartsberg vorbeifließenden Wiederitz zu identifizieren. Bezüglich der Weißeritz ist zu berücksichtigen, dass sie damals wesentlich weiter östlich als heute in die Elbe mündete. Mit dieser Grenzfeststellung lag die Burg eindeutig auf bischöflichem Gebiet. Der bischöfliche Standpunkt im Rechtsstreit wurde damit vollständig bestätigt. Aus dem Text der Urkunde wird deutlich, dass dieser Beschluss nicht einstimmig zustande kam, sondern die Meinung der Mehrheit war. Es ist zu vermuten, dass die in der Kommission vertretenen Adligen aus dem Umfeld der Burggrafen von Dohna den abweichenden Standpunkt ihres Lehnsherren vertraten, sich aber nicht durchsetzen konnten.

Entsprechend fiel auch der Schiedsspruch aus, den Markgraf Dietrich von Meißen am 31. März 1206 in Dresden verkündete. Er bestätigte den von der Kommission festgestellten Grenzverlauf und bestimmte, dass die Burg Thorun abgebrochen werden sollte. Die Tatsache, dass die Burg später nicht mehr in den Quellen genannt wird und heute bis auf Reste der Wälle und Gräben verschwunden ist, spricht für die Realisierung dieses Beschlusses. Ob die Burg über steinerne Gebäude verfügte oder nur aus Holz errichtet war, ist nicht bekannt.

Sowohl der Bischof als auch der Markgraf von Meißen drohten für den Fall, dass jemand versuchen sollte, die Burg Thorun wieder aufzubauen, Strafen an. Der Bischof wollte in einem solchen Fall die Exkommunikation, also den Ausschluss aus der kirchlichen Gemeinschaft, über den Täter aussprechen. Der Markgraf drohte dagegen Zuwiderhandelnden an, mit Gewalt gegen sie vorzugehen.

Insgesamt werden in der Urkunde 77 Personen genannt, die an der Rechtshandlung vom 31. März 1206 beteiligt waren. Ungewöhnlich hoch war mit 52 besonders die Zahl der Zeugen. Darunter befanden sich wahrscheinlich 18 Geistliche. Die anderen 34 Zeugen gehörten verschiedenen Schichten des weltlichen Adels an. Die Anwesenheit von Edelfreien und Reichsministerialen, also königlichen Dienstleuten, unter den Zeugen könnte darauf hindeuten, dass sich damals eine Gesandtschaft des mit Markgraf Dietrich verbündeten Königs Philipp von Schwaben in Dresden befand. Jedenfalls lässt sich aus Zahl und Zusammensetzung der Zeugen schließen, dass dem Schiedsspruch erhebliche Bedeutung beigemessen wurde. Die Zeugenreihe der Urkunde ist etwas ungewöhnlich. Üblicherweise wurde bei der Reihenfolge der Zeugen deren ständische Hierarchie beachtet. Hier gibt es jedoch diesbezüglich erhebliche Inkonsequenzen. Insbesondere verwundert, dass der Sohn des amtierenden Burggrafen von Dohna, eine Reihe von Reichsministerialen und ein Meißner Domherr erst

Abb. 5 Unter dem Ostflügel des Dresdner Schlosses freigelegte Reste der frühstädtischen Siedlung (ca. 1180 – 1220) und der Burg (ab ca. 1220)

nach den beiden markgräflichen Schreibern genannt werden. Möglicherweise hat man bei der Abfassung der Urkunde in Anbetracht der Vielzahl der Zeugen darauf verzichtet, diese in eine exakte Rangfolge zu bringen. Diese ungewöhnliche Herangehensweise erschwert hier die Zuordnung von sonst nicht bekannten Personen zu bestimmten gesellschaftlichen Gruppen.

Der Versammlungsort zur Verkündung des Schiedsspruchs könnte sich im Gelände des heutigen Schlosses befunden haben. Eine noch verhältnismäßig lockere Bebauung dieses Geländes seit dem Ende des 12. Jahrhunderts ist archäologisch gesichert, ohne dass jedoch bisher eindeutig erwiesen ist, dass es sich um einen markgräflichen Hof oder eine Burg handelte. Eine andere Hypothese vermutet hier die Siedlung von Bauleuten, die unter anderem an der Dresdner Elbbrücke arbeiteten.

Aussteller und Empfänger der Urkunde

Aussteller der Urkunde ist Markgraf Dietrich von Meißen aus der Dynastie der Wettiner. Die Geschichtsschreibung des 16. bis 19. Jahrhunderts hat diesem Herrscher Beinamen wie der Vertriebene, der Unglückselige, der Elende oder der Bedrängte gegeben. Der letztgenannte Beiname wird bis heute gebraucht und ist auch auf dem in seiner ursprünglichen Fassung als Sgraffitogemälde 1876 fertiggestellten und 1907 in Kacheln aus Meißner Porzellan ausgeführten Fürstenzug am Stallhof des Dresdner Schlosses zu sehen. Diese Beinamen verkennen, dass Dietrich bei allen Schwierigkeiten, mit denen er in der Zeit seines Lebens zu kämpfen hatte, letztlich ein erfolgreicher Fürst war, der wesentliche Machtgrundlagen für seine Dynastie schuf.

Dietrich gehört zu den zahlreichen Persönlichkeiten des Mittelalters, deren Geburtsdatum nicht überliefert ist. Urkundlich genannt wird der jüngere der beiden Söhne Markgraf Ottos von Meißen aus dessen Ehe mit Hedwig von Brandenburg erstmals 1174 als Zeuge einer Beurkundung. Als sein Vater 1190 starb, gelangte zunächst sein älterer Bruder Albrecht in den Besitz der Markgrafschaft Meißen. Dietrich, der erst 1191 vom Kreuzzug aus dem Orient zurückkehrte, blieb zunächst auf Herrschaftsrechte in der Grafschaft Weißenfels und einigen anderen nahe davon gelegenen Gebieten beschränkt. Auch der frühe Tod seines Bruders am 24. Juni 1195 brachte ihm zunächst nicht die Nachfolge in der Markgrafschaft Meißen. Kaiser Heinrich VI. zog die Lehen über die Markgrafschaft Meißen jetzt im Zusammenhang mit seinen ehrgeizigen Plänen zur Umwandlung des Heiligen Römischen Reichs in eine Erbmonarchie zugunsten des Reiches ein. Erst der überraschende Tod des Kaisers in Messina am 28. September 1197 infolge einer Malariaerkrankung auf der Reise zum Kreuzzug eröffnete Dietrich neue Chancen darauf, die Herrschaftsnachfolge in der Markgrafschaft Meißen anzutreten.

Dietrich befand sich zu diesem Zeitpunkt erneut auf dem Kreuzzug in Palästina, wo er unter anderem am 5. März 1198 an der Fürstenversammlung in Akkon teilnahm, auf der der Deutsche Orden von einer Hospitalbruderschaft in einen Ritterorden umgewandelt wurde. Als er im Sommer 1198 nach Deutschland zurückkehrte, konnte er den bereits entbrannten Machtkampf zwischen dem Staufer Philipp und dem Welfen Otto IV. um die deutsche Königswürde für sich ausnutzen. Mit Hilfe seines Schwiegervaters Landgraf Hermann I. von Thüringen vermochte er, sich zunächst ohne Zustimmung des Reiches in den Besitz der Markgrafschaft Meißen zu setzen. Einer der beiden rivalisierenden Könige, Philipp von Schwaben, erkannte Dietrich jedoch bald als Markgrafen von Meißen an, da er ihn als Bundesgenossen benötigte.

Das Bündnis Markgraf Dietrichs von Meißen mit Philipp von Schwaben hatte bis Herbst 1207 Bestand, zerbrach dann aber daran, dass sich König Philipp an den mit Dietrich verfeindeten König Ottokar I. von Böhmen annäherte. Die Gründe für die Feindschaft Dietrichs gegenüber dem böhmischen König waren nicht nur politischer, sondern auch persönlicher Natur, denn jener hatte Dietrichs Schwester Adela als Ehefrau verstoßen. Der Bündniswechsel zum König und späteren Kaiser Otto IV. aus der Dynastie der Welfen wurde Dietrich dadurch erleichtert, dass der Staufer Philipp von Schwaben am 21. Juni 1208 von Pfalzgraf Otto von Wittelsbach ermordet wurde, wahrscheinlich aus persönlicher Rache. Als Kaiser Otto IV. gegenüber seinem nunmehrigen staufischen Gegenkönig Friedrich II. in eine immer schwierigere Lage geriet, sah sich Markgraf Dietrich von Meißen 1213/14 zu einer erneuten Annäherung an die Staufer und letztlich zu einem neuen Bündnis mit ihnen veranlasst. Solche pragmatischen Bündniswechsel zeugen keineswegs von einer übermäßigen Prinzipienlosigkeit Dietrichs, sondern waren im Mittelalter schon im Interesse der Machterhaltung für die eigene Dynastie durchaus üblich.

Als Markgraf von Meißen schaffte es Dietrich, seine Herrschaft sowohl nach innen als auch nach außen zu festigen. Er förderte die weitere Rodung und Landerschließung sowie den Ausbau der Städte und ließ neue Burgen und Klöster errichten. Ihm gelang es, ursprünglich königliche Rechte über Zölle, Geleite, Straßen, Brücken und Münzen an sich zu ziehen. 1210 konnte er seine Besitzungen erheblich erweitern, als mit dem Tod des Grafen Konrad von Groitzsch die andere damals noch bestehende Linie der Wettiner im Mannesstamm ausstarb. Dietrich erlangte deren Besitzungen um Groitzsch und Eilenburg sowie im Gebiet der heutigen Niederlausitz. Wenn sich gesellschaftliche Gruppen seines Herrschaftsbereichs gewaltsam seiner Macht zu entziehen suchten, griff er hart durch. Am kritischsten war für ihn ein zunächst erfolgreicher Aufstand der Bürger von Leipzig 1215/16, mit denen sich zahlreiche Ministeriale, also Dienstadlige, des Markgrafen verbündet hatten. Die Stadt sah sich durch den Markgrafen in ihren Rechten geschmälert und strebte die Position einer freien Reichsstadt an. Mit Hilfe König Friedrichs II. gelang es Dietrich schließlich, auch diesen Aufstand niederzuschlagen. Der Markgraf ließ nach der Wiederherstellung seiner Macht in Leipzig drei Burgen errichten, die seine Herrschaft über die Stadt künftig gewährleisten sollten.

Die benachbarten Fürsten waren für Markgraf Dietrich einerseits Standesgenossen, andererseits aber auch Konkurrenten beim Ausbau seines Machtbereiches. Dies bedingte auch hier, ähnlich wie beim Verhalten gegenüber den Königsdynastien der Staufer und Welfen, häufige Wechsel zwischen Zusammenarbeit und Gegnerschaft. Selbst die Beziehungen zu den Verwandten seiner Ehefrau, den ludowingischen Landgrafen von Thüringen, waren von solchen Wendungen nicht frei. Auseinandersetzungen wurden von Dietrich in der damals üblichen Weise häufig als bewaffnete Fehden ausgetragen, auch gegenüber geistlichen Fürsten wie den Erzbischöfen von Magdeburg.

Markgraf Dietrich starb am 17. Februar 1221. Es ist wahrscheinlich, dass er bei seinem ersten Auftreten als Urkundenzeuge 1174 etwa 12 Jahre alt war, denn in diesem Alter erreichte man nach dem in der Mark Meißen gültigen sächsischen Recht die erste Stufe der Mündigkeit. Falls diese Annahme stimmt, wäre er knapp 60 Jahre alt geworden. Ein Mann, der nicht, wie damals sehr viele, schon vor Erreichen des Erwachsenenalters starb, hatte im Mittelalter eine Lebenserwartung von durchschnittlich etwa 47 Jahren. Dietrich erreichte also ein recht ansehnliches Lebensalter. Trotzdem veranlasste sein offenbar plötzlich eingetretener Tod Spekulationen darüber, dass er vergiftet worden sei. Solche Gerüchte traten bei unerwarteten Todesfällen im Mittelalter nicht selten auf. Ihr Wahrheitsgehalt ist jedoch oft sehr zweifelhaft, wie sicherlich auch im vorliegenden Fall.

Verheiratet war Markgraf Dietrich spätestens seit 1197 mit Jutta, der Tochter Landgraf Hermanns I. von Thüringen. Seine Ehefrau überlebte ihn um über 14 Jahre und heiratete 1223 erneut. Aus der Ehe von Dietrich und Jutta gingen die drei Söhne Otto, Konrad und Heinrich sowie die beiden Töchter Hedwig und Sophia hervor. Daneben hatte Markgraf Dietrich mindestens noch die beiden unehelichen Söhne Dietrich und Heinrich, vielleicht auch noch eine uneheliche Tochter. Beide uneheliche Söhne erhielten 1243 bzw. 1244 einen päpstlichen Dispens vom Makel der illegitimen Geburt und schlugen eine erfolgreiche geistliche Laufbahn ein. Dietrich war von 1242 bis zu seinem Tod 1272 sogar Bischof von Naumburg. Zwei der ehelichen Söhne starben früh, so dass als Nachfolger in der Markgrafschaft Meißen nur Heinrich in Frage kam, der zum Zeitpunkt des Todes seines Vaters noch nicht ganz drei Jahre alt war. Die Herrschaft der Wettiner in der Markgrafschaft Meißen erwies sich nach dem Tod Markgraf Dietrichs schon als so gefestigt, dass nach einer zeitweise kritischen Vormundschaftsphase die Markgrafenwürde tatsächlich an Heinrich überging. Heinrich erwies sich als erfolgreicher Fürst.

Abb. 6 Grabmal Markgraf Dietrichs von Meißen im Kloster Altzella, Kupferstich (Ende 17. Jahrhundert), mit Darstellung des Zustands der später im Siebenjährigen Krieg schwer beschädigten Platte unmittelbar nach der Ausgrabung im Jahr 1676

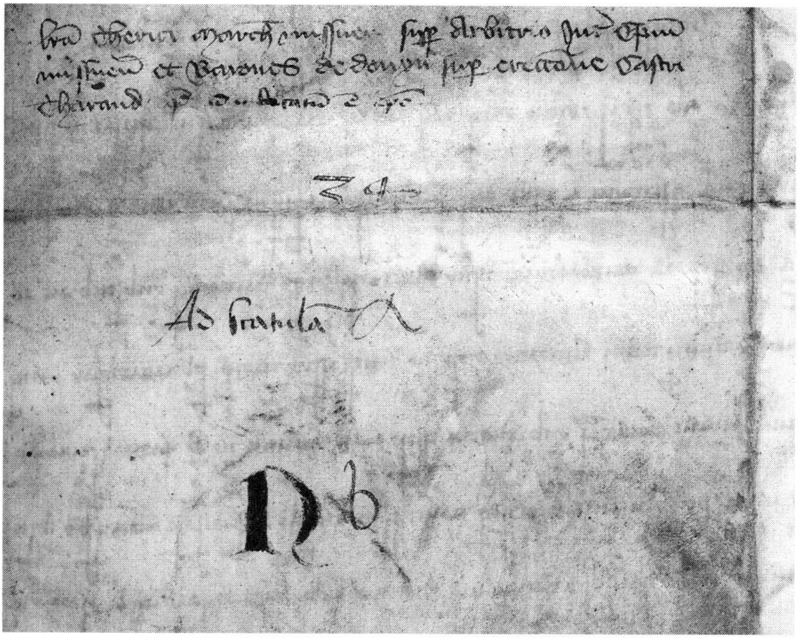

Abb. 7 Vermerke auf der Rückseite der Urkunde vom 31. März 1206. Neben einer Inhaltszusammenfassung der Urkunde befinden sich hier Signaturangaben des ausgehenden 15. Jahrhunderts, die typisch für Urkunden aus dem Besitz des Hochstifts Meißen sind. Daraus geht hervor, dass die Urkunde zur Schatulle a („Ad scatulam a") des Hochstiftsarchivs gehörte, in der sich alle Urkunden befanden, die das Bistum Meißen im Allgemeinen betrafen.

Höhepunkt seiner sehr langen Herrschaft vom formalen Ende der Vormundschaft 1230 bis zu seinem Tod 1288 war der Erwerb Thüringens aus dem Erbe der 1247 im Mannesstamm erloschenen Ludowinger.

Wie sich aus den auf der Rückseite der Urkunde befindlichen Vermerken ergibt, befand sich das überlieferte Exemplar der Urkunde von 1206 im Besitz des Bistums Meißen. Bischof Dietrich II. von Meißen ist somit der eigentliche Empfänger der Urkunde, die formal auch an Burggraf Heinrich II. von Dohna gerichtet war.

Bischof Dietrich II. stammte aus der edelfreien Familie von Kittlitz, die sich nach ihrem Stammsitz, einem Dorf nördlich von Löbau, nannte. Der früheste für ihn überlieferte Quellenbeleg stammt von 1160 und nennt ihn schon in der Funktion eines Dompropstes von Meißen, die er bis zu seiner Bischofswahl durch das Meißner Domkapitel im Jahre 1190 oder 1191 innehatte. Diese Wahl war durch den Tod seines Amtsvorgängers Martin am

15. Juli 1190 notwendig geworden, der als Kreuzzugsteilnehmer wahrscheinlich einer Seuche zum Opfer fiel. Zu Bischof Martin hatte Dietrich als Propst offensichtlich ein reserviertes Verhältnis, vielleicht weil er bei dessen Wahl im Jahr 1170 schon selbst Ambitionen auf das Bischofsamt hatte.

Als Bischof hatte Dietrich II. gegen erhebliche Widerstände zu kämpfen. Seine Wahl wurde von Teilen des Domkapitels bei Papst Cölestin III. angefochten, der allerdings 1196 zugunsten des Bischofs entschied. Innerhalb der Domkapitel des Hochstifts Meißen und des Kollegiatstifts Wurzen gab es auch später noch deutliche Ressentiments gegen von ihm getroffene Maßnahmen. Die Streitigkeiten führten zu einer Verstärkung des päpstlichen Einflusses im Bistum, da die Römische Kurie auch nach 1196 in den internen Streitigkeiten noch mehrfach zur Entscheidung angerufen wurde. Das Bestreben des Bischofs, die Zahlung des Kirchenzehnten von den Gütern des weltlichen Adels in voller Höhe zu erreichen, erwies sich letztlich trotz päpstlicher Unterstützung als nicht in vollem Umfang realisierbar, auch nicht gegenüber Markgraf Dietrich von Meißen.

Die politische Nähe Bischof Dietrichs II. von Meißen zu den Päpsten bedingte, dass er Kaiser Heinrich VI. und König Philipp aus der Dynastie der Staufer zumindest reserviert gegenüberstand. Eine offene Opposition zu diesen Herrschern konnte er wegen der bestehenden politischen Kräfteverhältnisse jedoch nicht wagen. Schließlich gehörte die Mark Meißen von 1195 bis 1198 zum unmittelbaren staufischen Herrschaftsbereich und war danach in der Hand des Markgrafen Dietrich, der sich bald mit König Philipp verbündete.

Erfolgreicher war Bischof Dietrich II. beim Ausbau des Bistums Meißen in geistlicher Hinsicht. Langzeitwirkung hatte insbesondere die Gründung des Augustinerchorherrenstifts St. Afra in Meißen, die er 1205 einleitete und für die er 1206 die päpstliche Bestätigung erhielt. Diese erste Klostergründung in Meißen hatte insbesondere eine bessere geistliche Versorgung dieser Stadt zum Ziel. Mit der Klostergründung verbunden war die Einrichtung einer Schule für zunächst zwölf Schüler. Sie bildete eine erste Grundlage dafür, dass 1543 das Afrakloster in eine der drei sächsischen Landesschulen umgewandelt werden konnte.

Bischof Dietrich II. starb 1208, wahrscheinlich am 29. August. Wenn man in Rechnung stellt, dass er bei seiner ersten Nennung als Dompropst 1160 sicherlich schon erwachsen war, kann man davon ausgehen, dass er ein für seine Zeit überdurchschnittliches Alter von deutlich über 60 Jahren erreichte. 1209 wählte das Meißner Domkapitel seinen Nachfolger, Bischof Bruno II. von Meißen, der wie schon Dietrich II. zuvor Dompropst in Meißen gewesen war.

Abb. 8 Siegel Bischof Dietrichs II. von Meißen an einer Urkunde vom 13. Dezember 1206

Ob Burggraf Heinrich II. von Dohna 1206 ein eigenes Exemplar der Urkunde über den Schiedsspruch zur Burg Thorun erhalten hat, ist unbekannt. Die Tatsache, dass es nicht überliefert ist, spricht für sich genommen nicht unbedingt dagegen, da im Mittelalter gerade bei weltlichen Adligen die Sorgfalt bei der Aufbewahrung von Dokumenten häufig noch relativ gering war. Allerdings spricht der Fakt, dass die beurkundete Entscheidung gegen den Burggrafen von Dohna ausfiel, gegen die Existenz eines zweiten Exemplars der Urkunde. Er dürfte daher kein besonderes Interesse an der schriftlichen Fixierung dieses Sachverhalts gehabt haben.

Die Institution der Burggrafschaften war in den vierziger Jahren des 12. Jahrhunderts von König Konrad III. aus der Dynastie der Staufer reformiert worden, um die Reichsgewalt zu stärken. Die bereits bestehenden Burggrafschaften in Dohna, Magdeburg und Meißen wurden mit neuen Amtsträgern besetzt. Weitere Burggrafschaften wurden neu gegründet. Gegenüber ihren Vorgängern waren die von Konrad III. eingesetzten Burggrafen mit weit größeren Befugnissen ausgestattet. Im Dohna setzte der König den Edelfreien Heinrich von Rötha als Burggrafen ein. Der nunmehrige Burggraf Heinrich I. von Dohna begründete eine Dynastie, die bis

1402 die Herrschaft in Dohna innehaben sollte. Burggraf Heinrich II. von Dohna war mit großer Wahrscheinlichkeit ein Sohn Heinrichs I. Sein mutmaßlicher Vater ist letztmalig 1170, er erstmalig 1181 in den Quellen fassbar. Damals war er bereits amtierender Burggraf. Sein Vater war also schon verstorben.

Bis zum Tod des staufischen Kaisers Heinrich VI. im Jahr 1197 befand sich Burggraf Heinrich II. von Dohna in einer verhältnismäßig komfortablen Situation. Sein eng mit den Interessen des Reichs verbundenes Amt gewährleistete ihm für seine Besitzungen den Schutz der Kaiser Friedrich I. und Heinrich VI., die den Ausbau der Reichsländer im Gebiet östlich der Saale vorantrieben. Wenn die Einziehung der Mark Meißen zugunsten des Reiches durch Kaiser Heinrich VI. im Jahr 1195 ein dauerhafter Erfolg geworden wäre, hätten sich für die Herrschaft der Burggrafen von Dohna durch Wegfall ihrer bedrohlichsten Konkurrenten glänzende Perspektiven eröffnet.

Die Burggrafen von Dohna und die Markgrafen von Meißen scheinen Konflikte miteinander in dieser Zeit einer noch funktionstüchtigen Reichsgewalt zunächst vermieden zu haben. Burggraf Heinrich II. ist während der Herrschaftszeit Markgraf Ottos (des Reichen) von Meißen bis 1190 mehrfach als Zeuge in dessen Urkunden belegt. 1185 nahm er auch am Landding des Markgrafen zu Collm bei Oschatz, dem wichtigsten Gerichtstag der Markgrafschaft Meißen, teil. Zu den Söhnen Markgraf Ottos, Albrecht und Dietrich, scheint Heinrich zunächst weniger Beziehungen gehabt zu haben. Allerdings war er am 5. Januar 1197 auf dem Landding zu Schkölen bei Zeitz anwesend, von dem der spätere Markgraf Dietrich zum Kreuzzug aufbrach. Er selbst war wahrscheinlich auch Kreuzzugsteilnehmer. Dies legt zumindest die oben erläuterte Namensgebung für seine Burg Thorun nahe, um die es im Schiedsspruch von 1206 ging. Möglicherweise fällt auch eine Schenkung des Burggrafen an das Kloster Altzella, mit der er für seine Familie dort ein Erbbegräbnis einrichtete, noch in die Zeit verhältnismäßig stabiler politischer Verhältnisse im Reich bis 1197. Auffällig ist jedenfalls, dass der Burggraf ausgerechnet das Hauskloster der wettinischen Markgrafen von Meißen für diesen Zweck wählte. Dies könnte auf ein zu dieser Zeit relativ unbelastetes Verhältnis zwischen dem Burggrafen und dem Markgrafen deuten. Die Stiftung könnte jedoch auch in die Zeit von 1195 bis 1197 fallen, in der den Wettinern die Mark Meißen entzogen war.

Das Doppelkönigtum des Staufers Philipp von Schwaben und des Welfen Otto IV. brachte für die Burggrafen von Dohna ein Problem. Als sehr eng an das Reich gebundene Amtsträger war für sie eine Positionierung in diesem Konflikt besonders schwierig und mit hohen Risiken verbunden. Die Parteinahme Burggraf Heinrichs II. in dieser Sache ist nicht im Einzelnen bekannt, jedoch legt die Tatsache, dass er nicht erschien, als sich König Philipp 1205 in Eger huldigen ließ, nahe, dass er damals in Anlehnung an König Ottokar I. von Böhmen zur Partei des Welfen gehörte. Eine solche Konstellation könnte auch Einfluss auf den Schiedsspruch um die Burg Thorun im Jahr 1206 gehabt haben.

Für ein belastetes Verhältnis zwischen dem Burggrafen von Dohna und König Philipp von Schwaben spricht auch, dass jener offenbar zu einem unbekannten Zeitpunkt Dohna an Markgraf Dietrich von Meißen verpfändete. Die Verpfändung geht aus einem Rechtsakt König Friedrichs II., des 1212 eingesetzten staufischen Gegenkönigs zum Welfen Otto IV., hervor. Jener übertrug am 26. September 1212 neben anderen Gütern auch Dohna an König Ottokar I. von Böhmen, jedoch unter der Voraussetzung, dass es bei den Markgrafen von Meißen eingelöst werde. Dies ist ein indirekter Beleg für die zuvor vorgenommene Verpfändung. Es ist somit wahrscheinlich, dass Dohna zum Zeitpunkt des Schiedsspruchs von 1206 an Markgraf Dietrich von Meißen verpfändet war und sich Burggraf Heinrich somit gegenüber dem Markgrafen in einer machtpolitisch sehr ungünstigen Situation befand.

Die Pfandschaft der Markgrafen von Meißen über Dohna scheint trotz der böhmischen Anwartschaft auch nach 1212 zunächst weiterbestanden zu haben. Dafür spricht, dass Burggraf Friedrich II. von Dohna und dessen Sohn Otto I. einzeln bzw. gemeinsam verhältnismäßig häufig im Umfeld Markgraf Dietrichs von Meißen auftraten, auch wieder auf den Landdingen zu Collm und zu Schkölen. Im Umfeld König Ottokars I. von Böhmen sind sie dagegen nicht nachweisbar.

Burggraf Heinrich II. starb nach dem 28. November 1224. Wer seine Ehefrau war, ist nicht überliefert. Mit seinem Nachfolger Otto I. ist ein Sohn sicher nachgewiesen. Er ist 1202 erstmals belegt und tritt auch im Dresdner Schiedsspruch von 1206 als Zeuge auf. Ob Heinrich II. weitere Kinder hatte, ist unsicher.

In der Zeit von 1212 bis 1402 erhoben sowohl die Markgrafen von Meißen als auch die Könige von Böhmen immer wieder Ansprüche auf eine Oberherrschaft in Dohna. Bezeichnend ist beispielsweise, dass im Pirnaer Vertrag, in dem Kaiser Karl IV. als König von Böhmen 1372 seine Herrschaftsgebiete von denen der Markgrafen Friedrich III., Balthasar und Wilhelm I. von Meißen abgrenzte, beide Seiten gegenseitig Besitzungen der anderen Seite in Dohna anerkannten. Diese unklare Situation konnten die Burggrafen von Dohna zunächst zum Ausbau ihrer Herrschaftsrechte nutzen.

Abb. 9 Siegel Burggraf Ottos I. von Dohna an einer Urkunde von 1235. Der Sohn und Nachfolger Burggraf Heinrichs war einer der Zeugen des Schiedsspruchs von 1206.

Eine Schwächeperiode der böhmischen Landesherrschaft unter König Wenzel IV. bot Markgraf Wilhelm I. von Meißen jedoch die Gelegenheit, um in der Dohnaischen Fehde von 1401/02 die Herrschaft der burggräflichen Familie in Dohna zu beenden und deren Besitzungen unmittelbar in die Markgrafschaft Meißen einzubeziehen. Die Burggrafen von Dohna teilten somit das Schicksal der anderen mitteldeutschen Burggrafengeschlechter in Altenburg, Döben, Leisnig und Meißen, deren Besitzungen bis zum 16. Jahrhundert durchweg unter unmittelbare Herrschaft der Wettiner gelangten. Ohne den Schutz der Reichsgewalt, die sich immer mehr aus Mitteldeutschland zurückzog, erwiesen sich diese Herrschaftsgebilde auf die Dauer nicht als überlebensfähig.

Stellung der Urkunde in der Stadtgeschichte von Dresden

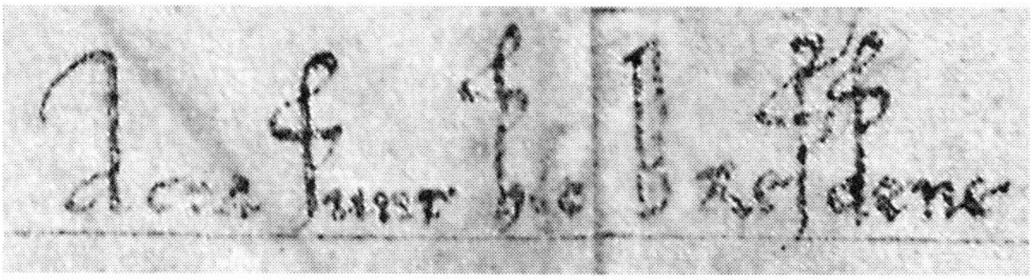

Abb. 10 Urkundenausschnitt „Acta sunt hec Dresdene“

Die Stadt Dresden entstand am Ausgang des 12. Jahrhunderts im Gau Nisan, auf dessen Geschichte hier zunächst einzugehen ist. Dieses sorbische Siedlungsgebiet, das sich im Elbtal von Pirna über die Dresdner Elbtalweitung fast bis Meißen erstreckte, wurde 968 erstmals erwähnt, als Papst Johannes XIII. das Bistum Meißen bestätigte und die Grenzen seines geistlichen Sprengels festschrieb. Nisan hatte bis zur Mitte des 12. Jahrhunderts eine wechselhafte Besitzgeschichte, in der neben dem Heiligen Römischen Reich und den Markgrafen von Meißen des 11. Jahrhunderts als dessen Vertretern auch die Herzöge von Böhmen eine erhebliche Rolle spielten. Von 1084 bis 1135 befanden sich wesentliche Herrschaftsrechte in Nisan in der Hand der Grafen von Groitzsch, deren bedeutendster Vertreter Wiprecht sie im Zusammenhang mit seiner Heirat einer böhmischen Herzogstochter erhalten hatte. Ab 1143 gab es größere Kontinuität. Erhebliche Herrschaftsrechte in Nisan befanden sich nunmehr im Besitz der Markgrafen von Meißen aus der Dynastie der Wettiner, die jene in Konkurrenz zu den hier ebenfalls begüterten Bischöfen von Meißen und Burggrafen von Dohna auszubauen versuchten. Die Besitzkontinuität der Wettiner wurde nach der Mehrheitsmeinung der historischen Forschung nur noch einmal durch Intervention der Reichsgewalt von 1195 bis 1197 unterbrochen. Der Königshof Nisan, der in einem Tafelgüterverzeichnis der deutschen Könige von wahrscheinlich 1152/53 genannt wird, wird heute meist mit der Burg Dohna identifiziert, wo erstmals 1113 ein vom Reich eingesetzter Burggraf nachweisbar ist.
1144 fällte König Konrad III. in Merseburg einen Schiedsspruch zwischen Bischof Meinward von Meißen und Markgraf Konrad von Meißen, in dem unter anderem die Rechte beider Seiten an einigen Dörfern im Gau Nisan festgeschrieben wurden. Bemerkenswert ist, dass der König dabei die Dörfer der Meißner Kirche von Baudiensten an Burgen des Markgrafen befreite. Aus dieser Bestimmung ist geschlossen worden, dass es damals im Gebiet der späteren Stadt Dresden schon eine Burg gegeben haben könnte.

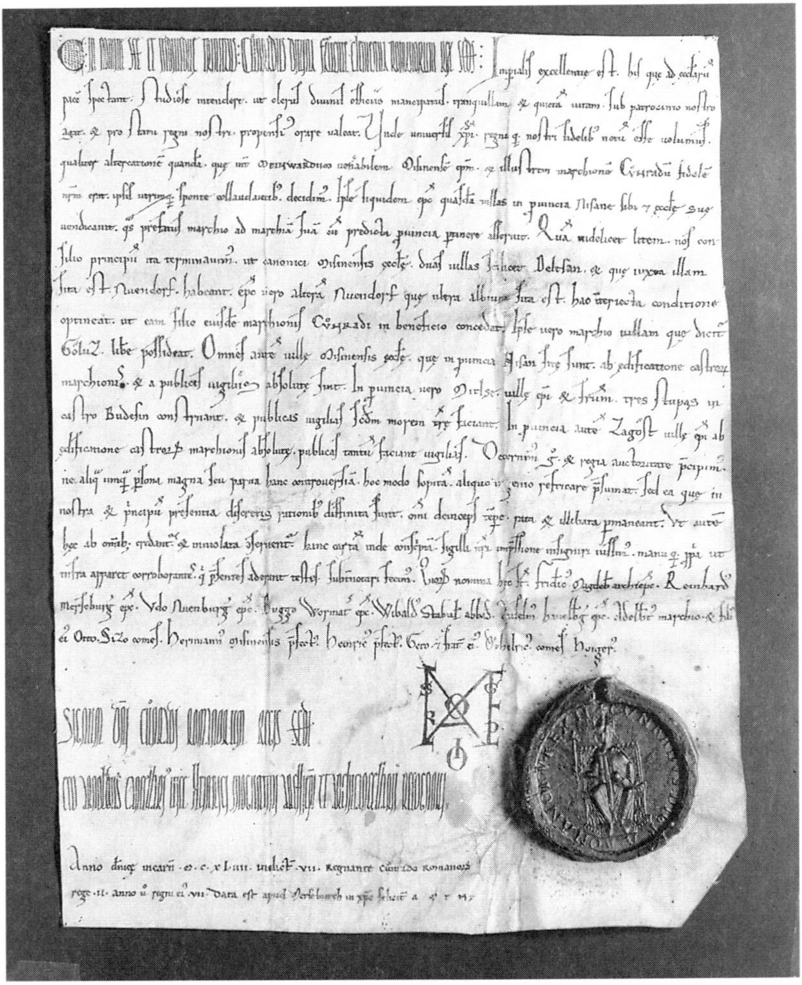

Abb. 11 König Konrad III. entscheidet einen Streit zwischen Bischof Meinward von Meißen und Markgraf Konrad von Meißen unter anderem um Rechte im Gau Nisan, 1144

Diese Annahme ist aber keineswegs zwingend. Eher sind hier noch die zur Verwaltung des Gaus Nisan bereits im 10. Jahrhundert entstandenen Burgwarde gemeint. Als Mittelpunkt für den Weißeritzburgward, zu dem auch das spätere Stadtzentrum von Dresden gehört haben könnte, sind heute die Heidenschanze bei Coschütz und eine 1995 entdeckte Burganlage in Dresden-Plauen im Gespräch.

Abb. 12 Luftaufnahme der Heidenschanze bei Coschütz während der 1933 durchgeführten Grabungen

Die Burgwardsverfassung

Im 10. und 11. Jahrhundert beschränkte sich die deutsche Bevölkerung in der Mark Meißen noch auf eine kleine Oberschicht. Diese übte ihre Herrschaft über ein Netz von Burgwarden aus. Burgwarde waren kleine Verwaltungsmittelpunkte, in deren Zentrum sich eine Burg befand. Bei dieser Burg befand sich normalerweise auch die für das Gebiet zuständige Kirche, von der aus die ursprünglich noch heidnische slawische Bevölkerung missioniert wurde. Die bäuerliche Bevölkerung, die bis zum Einsetzen des hochmittelalterlichen Landesausbaus um 1150 durchweg slawischer Herkunft war, hatte dem Burgward Abgaben und Dienste zu leisten. Ein Burgward umfasste im Normalfall etwa 10 bis 30 Dörfer.

Die gerade in jüngster Vergangenheit intensiv betriebene archäologische Stadtkernforschung hat die Anfänge der Stadt Dresden auf die letzten Jahrzehnte des 12. Jahrhunderts datiert. Dresden ist demnach eine Gründung im Herrschaftsbereich der Markgrafen von Meißen, wenn man der oben skizzierten Forschungsauffassung über die Besitzgeschichte der

Landschaft Nisan folgt. Die vom Archäologen Reinhard Spehr vertretene Auffassung, dass Dresden eine von Kaiser Friedrich I. ausgehende Gründung des Reichs aus der Zeit um 1173 sei, hat demgegenüber in der historischen Forschung weniger Anerkennung gefunden. Gegen die von Spehr vertretene Auffassung sind insbesondere von Gerhard Billig, Karlheinz Blaschke, Manfred Kobuch und André Thieme schwer zu entkräftende Argumente vorgebracht worden.

Schon vor der eigentlichen Stadt entstand möglicherweise im 12. Jahrhundert eine Kaufmannssiedlung. Als Standort kommt vor allem das Gebiet um die Frauenkirche in Betracht. Die Siedlung ist dort zwar archäologisch noch nicht nachgewiesen, jedoch könnte die im Unterschied zur übrigen Stadt unregelmäßige Straßenführung an der Frauengasse auf sie hindeuten. Der Bereich unmittelbar um die Frauenkirche war in die ursprüngliche ummauerte Stadt nicht einbezogen. Die Frauenkirche entstand wahrscheinlich schon im 11. Jahrhundert und umfasste wie viele frühe Kirchen des Markengebiets einen außergewöhnlich großen Pfarrsprengel. Sie war ursprünglich vor allem für die Mission der hier damals weitestgehend sorbischen Bevölkerung bestimmt.

Die Ersterwähnung von Dresden im markgräflichen Schiedsspruch vom 31. März 1206 geschah eher beiläufig. Dresden war nicht Gegenstand der Rechtsbestimmungen der Urkunde, sondern nur Ausstellungsort. Dennoch erlaubt auch diese beiläufige Nennung einige Rückschlüsse. Für die Durchführung eines so wichtigen Schiedsverfahrens mit mindestens

Abb. 13 Bei der Stadtkerngrabung am Dresdner Altmarkt freigelegtes romanisches Steinwerk

77 in verschiedenen Funktionen teilnehmenden Personen dürfte der Markgraf von Meißen eines seiner größeren Herrschaftszentren gewählt haben, um die notwendigen logistischen Voraussetzungen gewährleisten zu können. Die Tatsache, dass Dresden in der Urkunde noch nicht ausdrücklich als Stadt bezeichnet wird, spricht nicht gegen eine damals wahrscheinlich bereits bestehende städtische Qualität des Ortes. Angaben zur Rechtsstellung des Ausstellungsortes waren in Urkundendatierungen keineswegs durchgängig üblich. Die Ergebnisse der archäologischen Stadtkernforschung legen, wie oben bereits erwähnt, eine Stadtgründung in den letzten Jahrzehnten des 12. Jahrhunderts nahe.

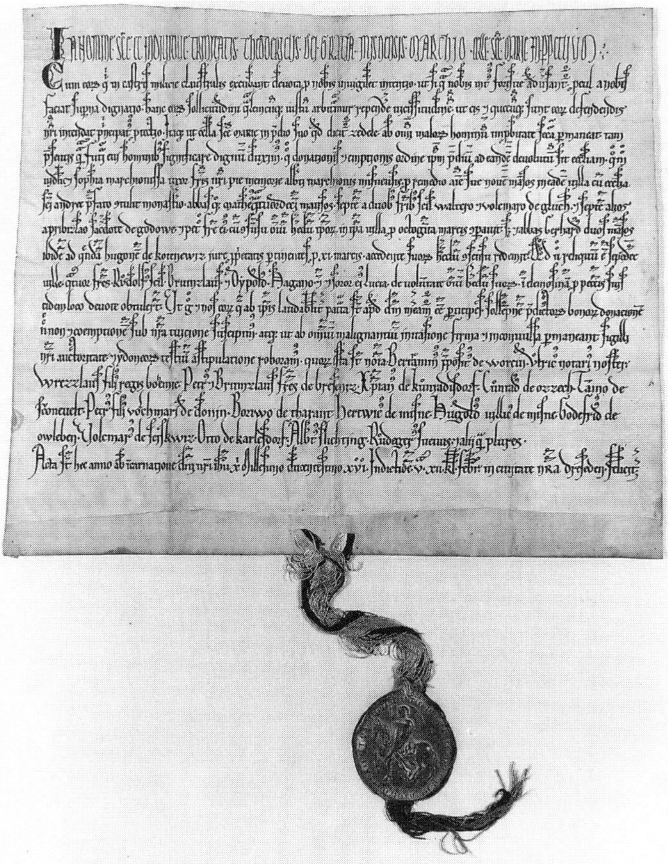

Abb. 14 Am 21. Januar 1216 im hier erstmals als Stadt bezeichneten Dresden ausgestellte Urkunde Markgraf Dietrichs von Meißen für das Kloster Altzella

Die erste ausdrückliche Nennung von Dresden als Stadt erfolgt dann auch nur knapp zehn Jahre später, am 21. Januar 1216. Auch hier ist Dresden wieder Handlungsort einer von Markgraf Dietrich von Meißen beurkundeten Rechtshandlung. In der Formulierung „acta sunt hec ... in civitate nostra Dresden“ wird deutlich, dass Markgraf Dietrich Dresden als seine Stadt betrachtete. Die städtische Qualität von Dresden und die dortige Herrschaft der Markgrafen von Meißen sind also 1216 durch den Begriff „civitas“ auch urkundlich eindeutig belegt. Der Rechtsinhalt der Urkunde von 1216 hat wie der von 1206 keine unmittelbaren Berührungspunkte zu Dresden. Der Markgraf bestätigte dem Kloster Altzella bei Nossen hier Erwerbungen in Zadel bei Meißen, unter anderem eine Stiftung der Markgräfin Sophia von Meißen zum Seelenheil ihres verstorbenen Ehemanns Albrecht, des älteren Bruders und Vorgängers von Markgraf Dietrich.

Der Ortsname Dresden, der nach heutigen sprachwissenschaftlichen Erkenntnissen slawischen Ursprungs ist, wurde nach einer gängigen Hypothese zunächst von zwei slawischen Dörfern links und rechts der Elbe geführt, die nach der Neugründung der Stadt beide als Altendresden bezeichnet wurden. Nachdem das linkselbische Dorf allmählich in der Stadt aufgegangen sei, habe sich die Bezeichnung auf den rechtselbischen Ort eingeschränkt. Dies wäre eine gute Erklärung dafür, warum die heutige Dresdner Neustadt 1349/50 unter der Bezeichnung „Alden-Dresden“ erstmals auftritt. Der Name Neustadt bürgerte sich für diesen Stadtteil erst ein, nachdem er 1685 durch einen Brand weitgehend zerstört und mit neuem Grundriss völlig verändert wieder aufgebaut worden war. Auch der Name Altstadt für das Gebiet der mittelalterlichen Stadtgründung links der Elbe wurde erst seit dem 18. Jahrhundert allmählich üblich.

Abgeleitet ist der Ortsname nach heutigem Kenntnisstand vom urslawischen Wort „drezga“. Dieses Wort bezeichnete einen meist sumpfigen Wald. Es ist zwar im heutigen Sorbisch verlorengegangen, wurde aber im Altsorbischen verwendet. Das davon abgeleitete altsorbische „Drežd'ane“ bzw. „Drežd'ěne“ bezeichnet daher eine Siedlung von Leuten, die am Wald wohnen.

Wegen der Lückenhaftigkeit der zur Verfügung stehenden archäologischen und schriftlichen Quellen hat vieles an der Frühgeschichte Dresdens heute hypothetischen Charakter. Um so wertvoller sind die frühesten urkundlichen Belege von 1206 und 1216, obwohl Dresden in beiden Fällen nur der Ort einer die Stadt nicht unmittelbar betreffenden Rechtshandlung war. Beide Urkunden bestätigen die mit archäologischen Quellen gewonnene Annahme, dass die Stadt seit dem Ende des

12. Jahrhunderts entstanden ist. Stadtentstehung und erste schriftliche Erwähnung liegen im Fall von Dresden relativ eng beisammen, wenn man bedenkt, dass viele Orte erst Jahrhunderte nach ihrer Entstehung auch schriftlich fassbar sind.

Trotz wesentlicher dort schon eingegangener baulicher Veränderungen unter anderem durch den Stadtbrand von 1491 und durch Umbauten am Schloss bietet Abbildung 15 noch einen gewissen Eindruck von der mittelalterlichen Stadtanlage. Es handelt sich um eine Zeichnung nach dem früher im Grünen Gewölbe befindlichen Holzmodell der Stadt von 1521, das im Zweiten Weltkrieg verlorengegangen ist. Das Holzmodell war die früheste überlieferte bildliche Darstellung der Stadt. Deutlich wird beispielsweise noch, dass sich das Gebiet um die Frauenkirche im Mittelalter außerhalb der Stadtmauern befand. Es wurde erst bei einer von 1519 bis 1529 durchgeführten Erweiterung der Befestigungsanlagen in die eigentliche Stadt einbezogen. Die ursprüngliche Stadtkirche war somit die Nikolaikirche, die nach der darin aufbewahrten Kreuzesreliquie Anfang des 14. Jahrhunderts den Namen Kreuzkirche erhielt. Das Nikolaipatrozinium war typisch für Kirchen von Kaufmannsgenossenschaften. Eine solche wird auch im Fall von Dresden als Initiator der Kirchengründung angenommen.

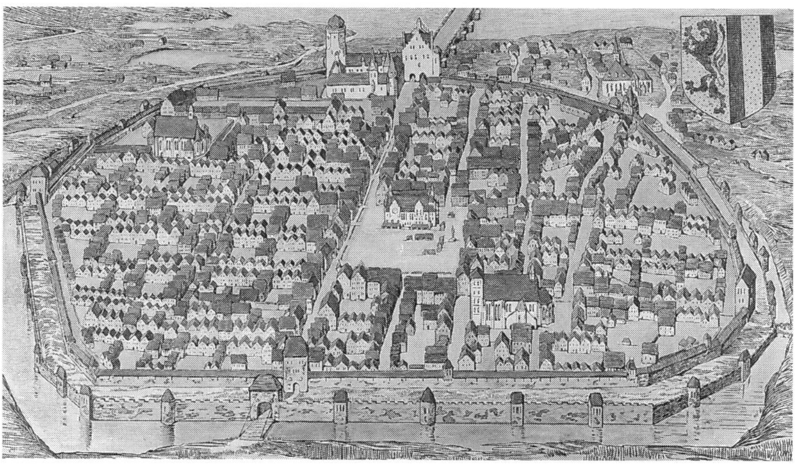

Abb. 15 Dresden um 1520. Federzeichnung des 19. Jahrhunderts nach dem Holzmodell von 1521

Die weiteren Ortserwähnungen in der Urkunde

Die Urkunde vom 31. März 1206 bietet nicht nur für Dresden die Ersterwähnung. Besonders die Namen der in der Urkunde genannten Adligen enthalten zahlreiche Erstbelege für weitere Orte. Es handelt sich dabei vielfach um sogenannte Herkunftsnamen, also um Namen, die den Stammort der betreffenden Familie bezeichnen. Die Existenz einer Familie, die sich nach einem Ort nennt, setzt naturgemäß auch die Existenz des Ortes voraus. Deshalb dienen Ortsnamenerstbelege in Personennamen üblicherweise auch als Grundlage für Ortsjubiläen. Zugleich sind sie natürlich der Erstbeleg für die Existenz der entsprechenden Familie. Nachfolgend werden alle in der Urkunde zusätzlich zu Dresden auftretenden Ortsnamenbelege näher erläutert. Dabei wird untersucht, ob es sich um die Ersterwähnung handelt oder ob frühere Belege vorliegen. Bemerkenswerte Entwicklungen in den betreffenden Orten werden erwähnt, jedoch ohne einen vollständigen Überblick der Ortsgeschichte anzustreben.

Ersterwähnungen als Grundlage von Ortsjubiläen

Die geringe Schriftlichkeit des Mittelalters bedingt, dass für die große Mehrzahl der damals entstandenen Orte keine Gründungsurkunde im eigentlichen Sinn vorliegt. Als Grundlage für Ortsjubiläen dient daher meist die erste nachweisbare schriftliche Erwähnung eines Ortes. Diese Gepflogenheit hat sich vermutlich deshalb durchgesetzt, weil das Bedürfnis bestand, das Jubiläum unter Bezugnahme auf ein exakt fassbares Datum zu begehen. Dies hat den wesentlichen Vorteil, dass ein zu sehr auf spekulative und möglicherweise später zu revidierende Annahmen gestütztes Ortsjubiläum vermieden wird. Nachteilig ist, dass der Abstand zwischen Ortsentstehung und erster Erwähnung sehr unterschiedlich sein kann und von vielen Überlieferungszufällen abhängt. Wenn für ein Gebiet wie beispielsweise für den nördlichen Teil der Oberlausitz oder die frühere Herrschaft Wolkenstein im Erzgebirge nur eine sehr lückenhafte Überlieferung besteht, ist dort der Abstand zwischen Ortsentstehung und Ersterwähnung oftmals besonders groß und beträgt auch bei den erst während des hochmittelalterlichen Landesausbaus entstandenen Orten nicht selten mehrere Jahrhunderte. Bei sorbischen Gründungen aus der Zeit vor der deutschen Eroberung des Markengebiets östlich der Saale ist ohnehin mit großen Zeitdifferenzen zwischen Ortsentstehung und Ersterwähnung zu rechnen, da für das Gebiet der späteren Mark Meißen eine schriftliche Überlieferung von Ortsnamen überhaupt erst mit der deutschen Landnahme im 10. Jahrhundert langsam einsetzt. Die beiden frühesten Erwähnungen für Püchau 924 und für Meißen 929 beruhen dabei auf der von 1012 bis 1018 entstandenen Chronik des Bischofs Thietmar von Merseburg. Erst die beiden nächsten Belege für Eilenburg und Wurzen, jeweils zum Jahr 961, stammen aus einer Urkunde. Die Ermittlung des tatsächlichen Alters eines Ortes bedarf interdisziplinärer Forschungen aus siedlungsgeschichtlicher, sprachwissenschaftlicher und archäologischer Sicht und ist auf der Grundlage der heute bekannten Fakten in vielen Fällen nur mit sehr großen Unsicherheitsfaktoren möglich.

Becelnewiz (vielleicht Bockelwitz oder Pillnitz)

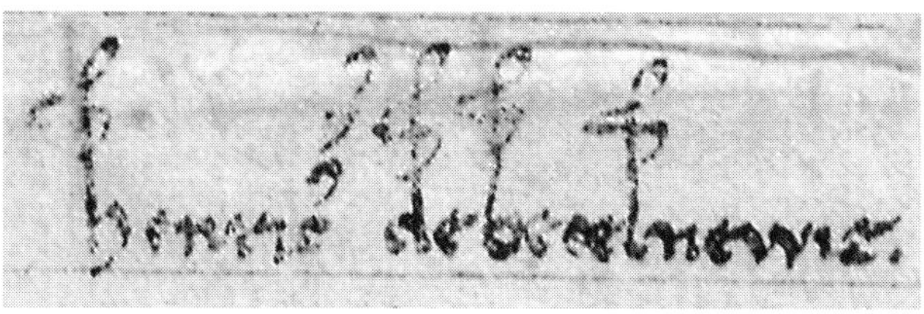

Abb. 16 Urkundenausschnitt „Henricus de Becelnewiz“

Eine einigermaßen sichere Identifizierung des im Namen des Zeugen „Henricus de Becelnewiz“ auftretenden Ortsnamens ist nach heutigem Forschungsstand nicht möglich. Erwogen worden ist eine Identifizierung mit dem nordöstlich von Leisnig gelegenen Dorf Bockelwitz, jedoch passt der Beleg sprachlich nicht besonders gut zu den anderen nachgewiesenen mittelalterlichen Namensformen dieses Ortes, der 1215 erstmals gesichert als Bukelwiz erwähnt wird. Inhaltlich wesentlich logischer, aber sprachlich noch weniger passend ist eine Hypothese, die Becelnewiz mit Pillnitz identifiziert. Es ist natürlich denkbar, dass der Schreiber der Urkunde, der den Ort möglicherweise nicht selbst kannte, den Namen etwas entstellt wiedergegeben hat. Vielleicht handelt es sich auch um eine Wüstung, deren Name heute nicht mehr bekannt ist. Die Unsicherheit bei der Zuordnung des Namens zu einem Ort erschwert auch die Zuordnung des Zeugen „Henricus de Becelnewiz“ zu einer gesellschaftlichen Gruppe. Falls

Bockelwitz zutreffen sollte, könnte es sich um einen Burgmann der Burggrafen von Leisnig gehandelt haben. Im Fall von Pillnitz wäre eine Zuordnung zu den Vasallen der Burggrafen von Dohna denkbar.

Collm

Abb. 17 Urkundenausschnitt „Petrus de Chulme“

Auch beim Zeugen „Petrus de Chulme“, wahrscheinlich einem Edelfreien, handelt es sich um einen Einzelbeleg für eine sonst unter diesem Namen nicht nachweisbare Familie. Allerdings ist hier der Ort, von dem der Name abgeleitet ist, mit größerer Wahrscheinlichkeit identifizierbar. Es handelt sich vermutlich um das 1185 erstmals belegte Collm westlich von Oschatz, einen heutigen Ortsteil der Gemeinde Wermsdorf. Collm war ein bedeutender Ort für die mittelalterliche Markgrafschaft Meißen. Bei diesem Dorf fanden von 1185 bis 1259 wahrscheinlich monatlich die Landdinge der Mark Meißen statt, die hochrangigsten Gerichtstage für das Markengebiet. Als Austragungsort dieser unter freiem Himmel tagenden Versammlungen, von denen 15 urkundlich nachweisbar sind, ist der Südabhang des 312 m hohen Collmberges, einer weithin sichtbaren Landmarke in sonst nur flachwelligem Gelände, vermutet worden. Mit dem Landding zu Collm im Zusammenhang stehen könnte ein zwischen Collm und Oschatz gelegenes Bauwerk, dessen Baubeginn mit Hilfe der Dendrochronologie auf etwa 1211 datiert werden konnte, das Wüste Schloss Osterland. Mit guten Gründen wird Markgraf Dietrich von Meißen als Bauherr dieses architektonisch bedeutenden und ungewöhnlichen, möglicherweise aber nie ganz vollendeten Gebäudes, das offenbar keine Verteidigungsfunktion hatte, vermutet.

Der Ortsname von Collm, von altsorbisch „chołm“ oder „chułm“ für Hügel abgeleitet, war sehr wahrscheinlich ursprünglich der Name des beim Ort gelegenen gleichnamigen Berges. Die Ortsform von Collm als Straßen-

Abb. 18 Wüstes Schloss Osterland bei Oschatz

angerdorf deutet eher auf eine deutsche Gründung in der Zeit des hochmittelalterlichen Landesausbaus nach 1150.

Neben Collm bei Oschatz kommt vielleicht auch Collmen nördlich von Colditz als Herkunftsort des „Petrus de Chulme“ in Frage. Die Herleitung des Ortsnamens vom altsorbischen chołm bzw. churm für Hügel ist in beiden Fällen offensichtlich. Die Mehrzahl der Forscher, die sich mit der Zuordnung des Namens befasst haben, hat sich jedoch für Collm bei Oschatz entschieden. Wegen der hervorgehobenen Stellung dieses Ortes in der Mark Meißen erscheint es auch durchaus als wahrscheinlich, dass sich dort schon an der Wende vom 12. zum 13. Jahrhundert der Sitz eines Adligen aus dem Umfeld der Markgrafen von Meißen befunden haben könnte. Auch die Nennung in der Zeugenreihe unmittelbar nach einem Adligen, der sich nach dem Collm benachbarten Mutzschen nannte, ist ein gewisses Indiz für Collm.

Döben

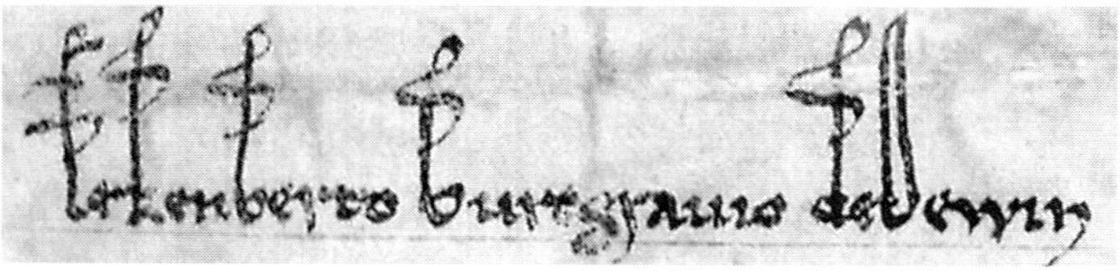

Abb. 19 Urkundenausschnitt „Erkenberto burcgravio de Dewin“

Das 1994 nach Grimma eingemeindete Döben gehört ebenfalls nicht zu den in der Urkunde erstmals erwähnten Orten. Es ist zuvor mehrfach belegt, zuerst in einem Bericht der Pegauer Annalen zur Eroberung der Burg Döben durch Wiprecht von Groitzsch im Jahr 1117. Archäologisch ist im Gelände der altslawischen Burg Zetten nördlich des heutigen Ortes sogar eine Besiedlung bis zurück in die Bronzezeit nachweisbar.

Die 1185 erstmals belegte Burggrafschaft Döben hat eine von den anderen mitteldeutschen Burggrafschaften etwas abweichende Geschichte, die sich wegen des Mangels an schriftlicher Überlieferung jedoch nicht bis ins Letzte aufklären lässt. Ursprünglich war sie möglicherweise eine Gegengründung der Markgrafen von Meißen zu den von den Staufern begründeten Reichsburggrafschaften. Wahrscheinlich zwischen 1196 und 1198, also in der Zeit, als den Wettinern die Markgrafschaft Meißen entzogen war, wurde hier jedoch vom Reich mit Erkenbert von Tegkwitz ein Edelfreier aus dem Umfeld der Staufer als Burggraf eingesetzt. Dieser Burggraf ist auch einer der beiden in der Urkunde von 1206 auftretenden Gesandten Markgraf Dietrichs, die führend an der Schlichtung des Streites zwischen dem Bischof von Meißen und dem Burggrafen von Dohna beteiligt waren. Da Markgraf Dietrich von Meißen 1206 noch in freundlichen Beziehungen zu König Philipp von Schwaben stand, verwundert die Wahl eines den Staufern nahestehenden Adligen für eine so wichtige Funktion nicht. Zudem haben die Wettiner wahrscheinlich selbst schon Teile der Burg Döben besessen. Dafür spricht, dass Markgraf Otto von Meißen 1189 zeitweilig von seinem Sohn Albrecht auf der Burg Döben gefangengehalten wurde. Letztlich konnten sich die Erkenbertinger als Burggrafen in Döben auch nicht lange gegen die Wettiner behaupten. Im Lauf des 13. Jahrhunderts zogen sie sich deshalb auf ihre Besitzung Starkenberg westlich von Altenburg zurück und nannten sich nunmehr Burggrafen von Starkenberg, obwohl ihr Burggrafentitel eigentlich nur auf Döben bezogen war. Aus Teilen der Burggrafschaft Döben entwickelte sich ein von den Wettinern zu Lehen gehendes Rittergut, das bis 1945 bestand. Das dazu gehörende Schloss, der Nachfolgebau der Burg, der nach einem Brand im Jahr 1857 nochmals wiederhergestellt worden war, fiel nach dem Ende des Zweiten Weltkriegs Plünderung und Vernachlässigung zum Opfer. Die Ruinen der Schlossgebäude wurden bis 1972 weitgehend gesprengt. Nur einige Wirtschaftsgebäude und ein Gartenpavillon blieben erhalten.

Abb. 20 Luftbild des Schlosses Döben von Südwesten, um 1930

Döhlen

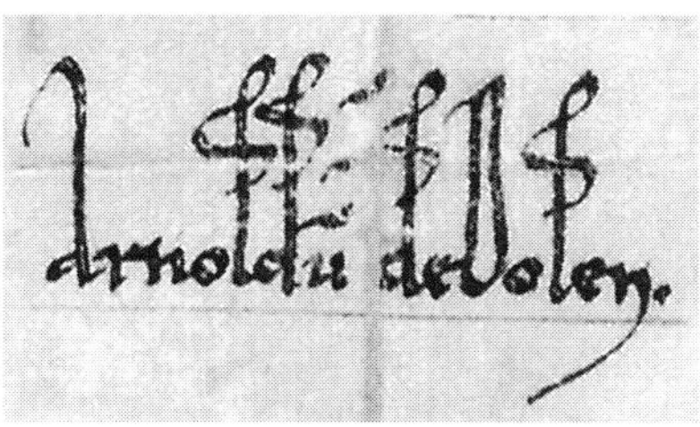

Abb. 21 Urkundenausschnitt „Arnoldum de Dolen“

Für das südwestlich von Dresden gelegene Döhlen, das 1921 mit Potschappel und Deuben zur Stadt Freital vereinigt wurde, ist der Beleg von 1206 die Ersterwähnung. Arnold von Döhlen gehörte der Schiedskommission aus 21 Personen an, die über den Grenzverlauf zwischen Markgrafschaft und Bistum Meißen zu entscheiden hatte. Zu wessen Umfeld er gehörte, ist nicht zu klären.

Das von der Weißeritz durchflossene Döhlener Becken, in dem sich heute die Stadt Freital befindet, wies schon vor dem hochmittelalterlichen Landesausbau slawische Siedlungen auf. Dies spiegelt sich auch im Ortsnamen wider, der eine abgeleitete Form vom altsorbischen „doł“ für Tal enthält. Der Ort hatte vor der Entwicklung zur Stadt die Form eines Platzdorfs, die meist für eine frühe Dorfform der deutschen Ostkolonisation gehalten wird. Falls es eine unmittelbare Siedlungskontinuität schon seit der slawischen Zeit gibt, ist also mit einer erheblichen Aufsiedlung in der zweiten Hälfte des 12. Jahrhunderts zu rechnen. Auch wenn der Ortsname als Herkunftsname von Adligen nach 1206 nicht nochmals nachgewiesen werden kann, scheint es eine Kontinuität zwischen dem damaligen Herrensitz und dem späteren Rittergut zu geben. Das Rittergut wurde nach seinem Verkauf an Kurfürst Friedrich August III. von Sachsen 1806 in ein Kammergut umgewandelt. Die seit dem 16. Jahrhundert, zunächst in bescheidenem Maße, nachweisbare Nutzung von Steinkohle aus dem Döhlener Becken wurde letztlich prägend für die neuere Geschichte des Ortes. Im Gefolge des seit dem ausgehenden 18. Jahrhunderts intensivierten Steinkohlenbergbaus siedelte sich hier Schwerindustrie an. Diese Industrialisierung und die damit einhergehende Erhöhung der Einwohnerzahl bildeten die Voraussetzung dafür, dass der Ort allmählich städtischen Charakter annahm und schließlich Teil der 1921 gebildeten Stadt Freital wurde.

Dohna

Abb. 22 Urkundenausschnitt „Henricum burcgravium de Donin“

Dohna gehört zu den relativ früh belegten Orten in Sachsen. Im Zusammenhang mit Kämpfen zwischen Kaiser Heinrich III. und Herzog Břetislav I. von Böhmen wird in der „Chronik des Annalista Saxo“[10] „Donin“ zum Jahr 1040 erstmals erwähnt. Archäologisch lässt sich eine Besiedlung im Gebiet der an einem wichtigen Übergang über das Erzgebirge nach Böhmen gelegenen Stadt bis in die Bronzezeit zurückverfolgen. Aus einer slawischen Burg des 9. und 10. Jahrhunderts entwickelte sich nach der deutschen Eroberung einer der Burgwardsmittelpunkte des Gaues Nisan.

Ein Burggraf, der allerdings noch nicht aus der Familie stammte, die das Amt 1206 innehatte, ist in Dohna erstmals 1113 nachweisbar. Die seit der Mitte des 12. Jahrhunderts im Besitz von Dohna befindlichen Burggrafen aus der Familie von Rötha konnten im 13. und 14. Jahrhundert unter Ausnutzung ihrer Grenzlage zwischen der Markgrafschaft Meißen und dem Königreich Böhmen und der Interessenkonflikte zwischen beiden größeren Nachbarn zumindest in Ansätzen eine eigene kleine Landesherrschaft aufbauen, obwohl sowohl Böhmen als auch Meißen Lehnrechte über Dohna beanspruchten. Die Burggrafen ließen im 13. Jahrhundert eigene Brakteaten (Hohlpfennige) schlagen und begründeten einen eigenen Schöppenstuhl, dessen Rechtssprüche bis in die Oberlausitz und nach Schlesien Bedeutung erlangten. Erst die meißnische Eroberung in der Dohnaischen Fehde von 1401/02 bereitete der relativ selbständigen Entwicklung der Burggrafschaft Dohna ein jähes Ende.

Die unter der Burg befindliche Siedlung ist erst 1445, also nach dem Ende der burggräflichen Zeit, als „Stetchin“ belegt. Vermutlich war die Entwicklung Dohnas zu einer kleinen Stadt, die nie ummauert war, jedoch schon im 13. Jahrhundert abgeschlossen. Die späte Erwähnung in dieser

10 Diese Reichschronik wurde Mitte des 12. Jahrhunderts von Arnold, Abt der Klöster Berge zu Magdeburg und Nienburg († 1266), abgefasst.

Funktion rührt wohl daher, dass sich die bei den Burggrafen von Dohna verwahrte schriftliche Überlieferung aus der Zeit vor der Dohnaischen Fehde nicht erhalten hat. Vielleicht ist sie schon im Zusammenhang mit dieser Fehde verlorengegangen.

Innerhalb der Markgrafschaft Meißen gab es ab 1402 zunächst ein eigenes Amt Dohna, das jedoch Mitte des 15. Jahrhunderts zum Amt Pirna geschlagen wurde. Möglicherweise war der weitere Verfall der 1402 zumindest teilweise zerstörten Burg einer der Gründe für die Aufgabe von Dohna als Verwaltungsmittelpunkt. Dohna blieb in der Folge eine kleine unbefestigte Stadt, die zwischen den beiden voll ausgebauten Städten Dresden und Pirna Nahmarktfunktionen wahrnahm und bis weit ins 19. Jahrhundert vor allem handwerklich geprägt war. Zu einer Industrialisierung größeren Umfangs kam es erst nach dem Anschluss an die Müglitztalbahn 1890.

Abb. 23 1624 eingeführtes „GERICHTS S[IEGEL] D[ES] STEDLEINS DONA". Im Siegel und im Wappen der Stadt Dohna hat sich die 1402 teilweise zerstörte und danach allmählich verfallene Burg der Burggrafen, symbolisiert durch einen Turm, bis heute als Motiv erhalten.

Eisenberg

Abb. 24 Urkundenausschnitt „Hugo de Ysenberc“

Das nordwestlich von Gera an der Weißen Elster gelegene Eisenberg gehörte zu den bedeutenden Stadtgründungen der Wettiner in der zweiten Hälfte des 12. Jahrhunderts. Sie konnte an eine frühere Bergbausiedlung zur Eisengewinnung anknüpfen. Eine erste chronikalische Nennung für den Ort liegt 1166 vor. Zum Jahr 1171 schildert die vom Anfang des 15. Jahrhunderts stammende Meißnische Fürstenchronik des Johannes Tylich, dass Markgraf Otto von Meißen die Stadt Eisenberg gleichzeitig mit Freiberg und Leipzig ummauern ließ. Die Finanzierung dieses städtischen Ausbaus sei ihm durch die Freiberger Silberfunde ermöglicht worden. Dass Eisenberg ummauert wurde, wird durch eine urkundliche Nachricht von 1219 bestätigt. Selbst wenn die chronikalische Schilderung nicht exakt stimmen sollte, zeigt sie doch, welchen hohen Stellenwert Eisenberg im damaligen Verständnis unter den markmeißnischen Städten hatte. Auch Markgraf Dietrich von Meißen hat sich um den Ausbau der Stadt bemüht. Die Anlage der Eisenberger Neustadt fällt wahrscheinlich in die ersten Jahre seiner Herrschaft. Um 1210 verlegte Dietrich das Augustiner-Chorherrenstift Camburg nach Eisenberg. Mit dieser Gründung scheint es zunächst Probleme gegeben zu haben. 1219 wurde das Stift nämlich mit dem aus Zwickau verlegten Benediktinerinnenkloster vereinigt. Das nunmehr in Eisenberg bestehende Benediktinerinnenkloster hatte damit durch die hinzugekommenen Besitzungen des bisherigen Augustiner-Chorherrenstifts eine ausreichende wirtschaftliche Grundlage.

Allerdings wäre Markgraf Dietrich von Meißen ein Aufenthalt in der Stadt am 5. Dezember 1215 beinahe zum Verhängnis geworden. Aufständische Ministeriale planten hier einen Mordanschlag auf ihn, der jedoch schon im Ansatz misslang. Die Attentäter begehrten zur Nachtzeit wegen einer angeblich dringenden Angelegenheit Einlass beim bereits schlafenden Markgrafen. Jener gewährte ihnen aber, obwohl er bezüglich ihrer Pläne arglos war, keinen Zutritt und ließ sie auf den nächsten Tag vertrösten. Obwohl der Anschlag so fehlschlug, meldeten andere

Verschwörer in der falschen Überzeugung, dass der Markgraf bereits tot sei, das vermeintliche Gelingen ihres Vorhabens an die mit ihnen verbundenen aufständischen Leipziger Bürger. Ob unter den Aufständischen von 1215 auch der in der Urkunde von 1206 genannte Hugo von Eisenberg war, ist nicht bekannt. Da Eisenberg um 1200 bereits seit langem in sicherem Besitz der Wettiner war, ist davon auszugehen, dass eine Person mit diesem Beinamen zum Umfeld der Wettiner gehörte. Adlige dieses Namens, die zum Teil auch Bürger der Stadt Eisenberg waren, sind bis mindestens 1290 nachweisbar.

Eisenberg blieb auch später im wettinischen Besitz und gehörte seit der Leipziger Teilung mit Ausnahme der Jahre von 1547 bis 1554 zum Gebiet der ernestinischen Linie, der es als Nebenresidenz diente. Von 1681 bis 1707 war die Stadt Residenz des kurzlebigen Herzogtums Sachsen-Eisenberg, das nur die Ämter Camburg, Eisenberg, Ronneburg und Stadtroda umfasste. Christian (1653 – 1707), der einzige Herzog von Sachsen-Eisenberg, überschuldete sich mit der Umgestaltung des aus der mittelalterlichen Burg hervorgegangenen Schlosses und anderen ehrgeizigen Plänen in hohem Maße und versuchte vergeblich, durch alchimistische Versuche die nötigen Geldmittel zu erlangen.

Erdmannsdorf

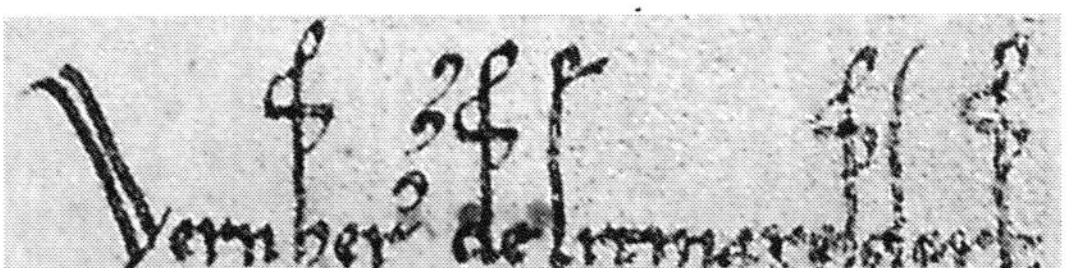

Abb. 25 Urkundenausschnitt „Wernherus de Ertmaresdorf“

Das östlich von Chemnitz gelegene Erdmannsdorf hat sich 1999 mit Augustusburg und Hennersdorf zusammengeschlossen. Dabei wurde der Name der größten Teilgemeinde, der Stadt Augustusburg, für die Gesamtgemeinde übernommen. Kurz zuvor beging Erdmannsdorf 1996 eine 800-Jahrfeier. Grundlage dafür bildete die Nennung eines Werner von Erdmannsdorf in einer Urkunde mit aus sachlichen Gründen zweifelhafter Datierung auf 1191, für die stattdessen 1196 als mögliches Ausstellungsjahr angenommen wurde. Einer genauen Prüfung halten jedoch beide Datierungen nicht stand, da der Inhalt der Urkunde mit keinem dieser

Jahre in Übereinstimmung zu bringen ist. Das Stück ist für das Nonnenkloster in Eisenberg ausgestellt, das, wie bereits dargelegt, erst 1219 aus Zwickau dorthin verlegt wurde. Wegen dieser Datierungswidersprüche sowie überlieferungsgeschichtlicher und inhaltlicher Verdachtsmomente ist das Stück bereits 1895 von Paul Mitzschke im „Urkundenbuch von Stadt und Kloster Bürgel" zu Recht als Fälschung gekennzeichnet worden. Es ist erstmals 1729 im gedruckten Werk des Hans Blasius Edler von Gleichenstein überliefert, dem Mitzschke auch sonst nachweisen konnte, dass er Überlieferungslücken mit erdachten Urkunden ausfüllte. Die Erkenntnisse Mitzschkes zu dieser Fälschung sind später jedoch häufig übersehen worden.

Mit dem Nachweis der Fälschung der angeblich früheren Urkunde wird die Urkunde vom 31. März 1206 wieder zur eigentlichen Ersterwähnung für Erdmannsdorf. Der hier als Zeuge genannte „Wernherus de Ertmaresdorf" gehörte zu einer Familie, die sehr wahrscheinlich zuvor um Altenburg ansässig war und der Reichsministerialität angehörte. Schon im 13. Jahrhundert sind Mitglieder dieser Familie jedoch im Umfeld der Markgrafen von Meißen nachweisbar. Der Grund dafür dürfte im allmählichen Niedergang der Reichsgewalt im Pleißenland[11] zu suchen sein. Beim Landesausbau im Erzgebirge standen die Erdmannsdorfer in Konkurrenz zu den in der Urkunde von 1206 ebenfalls erstmals erwähnten Herren von Schellenberg, die zunächst erfolgreicher operierten, ihre Besitzungen aber letztlich 1324 an die Wettiner verloren.

Die Familie von Erdmannsdorf blieb bis in die zweite Hälfte des 15. Jahrhunderts im Besitz des dortigen Rittergutes, das Lehen der Markgrafen von Meißen und späteren Kurfürsten von Sachsen war. Verwaltungsmäßig war Erdmannsdorf spätestens 1378 dem Amt Schellenberg (später Augustusburg) zugeordnet, an das aus dem Ort damals einige Geld- und Naturalabgaben zu entrichten waren.

Der vom Personennamen Ertmar abgeleitete deutsche Ortsname von Erdmannsdorf und die für den hochmittelalterlichen Landesausbau im Gebirge typische Waldhufenflur des Ortes zeigen, dass es sich um eine deutsche Gründung handelt. Erdmannsdorf ist vermutlich gegen Ende des 12. Jahrhunderts entstanden. Gründung und Ersterwähnung liegen in diesem Fall also wohl zeitlich relativ nahe beieinander.

11 Das nach dem Fluss Pleiße benannte Reichsterritorium war seit 1158 von Kaiser Friedrich I. Barbarossa gegründet worden. Zu ihm gehörten die Städte Altenburg, Chemnitz und Zwickau.

Eula

Abb. 26 Urkundenausschnitt „Cunradus de Yla“

Eula, seit 1994 Ortsteil von Borna, wird in den um 1150 aufgezeichneten Pegauer Klosterannalen als „Hyla“ erwähnt. Auf der Rückkehr von seiner Pilgerfahrt aus Santiago de Compostela soll Wiprecht von Groitzsch 1090 in der Eulaer Kirche gebetet haben, wobei ihm eine wundersame Erscheinung zuteil geworden sei. Ein auf dem Altar liegender Reliquienschrein habe sich wie ein Buch geöffnet und er habe daraus einen hellen Schein gesehen. Die Chronik berichtet weiter, dass Wiprecht daraufhin beschlossen habe, die bereits alte und baufällige hölzerne Kirche zu erneuern. Als zuverlässiger Fakt ist dieser Schilderung zu entnehmen, dass Eula und die dortige Kirche zum Zeitpunkt der Abfassung der Pegauer Annalen schon ein erhebliches Alter hatten und sehr wahrscheinlich auch schon wesentlich vor 1090 bestanden. Ferner wird deutlich, dass der Ort in einem Gebiet lag, in dem auf Initiative Wiprechts von Groitzsch schon um 1100 ein regional begrenzter Landesausbau durchgeführt wurde. Die Ortsform von Eula, eine Kombination aus einem wohl noch in slawischer Siedlungszeit entstandenen Sackgassendorf mit einem der deutschen Kolonisationszeit zuzurechnenden Straßendorf, unterstützt die Annahme, dass hier ein ursprünglich slawisches Dorf von deutschen Bauern erweitert wurde.

Der Ortsname Eula geht hier nicht, wie es auf den ersten Blick scheinen mag, auf den Vogelnamen Eule zurück. Die frühesten Belege zeigen deutlich eine Herleitung von altsorbisch „ił“ für Lehm bzw. Ton.

Für die Familie, die sich nach Eula nannte, ist „Cunradus de Yla“ als Zeuge in der Urkunde von 1206 der Erstbeleg. Es ist zu vermuten, dass der in der Zeugenreihe zwischen anderen Reichsministerialen stehende Adlige ebenfalls Reichsministeriale war, zumal sein Herrensitz im Übergangsbereich zwischen dem Reichsterritorium Pleißenland und dem wettinischen Einflussbereich lag.

Frankenberg

Abb. 27 Urkundenausschnitt „Henricus de Frankenberc“

Die Nennung des „Henricus de Frankenberc“ in der Urkunde von 1206 ist die Ersterwähnung des nordöstlich von Chemnitz gelegenen Ortes. Aus der Siedlungsstruktur von Frankenberg lässt sich ablesen, dass hier in der zweiten Hälfte des 12. Jahrhunderts ein Waldhufendorf gegründet wurde, sehr wahrscheinlich von fränkischen Siedlern. Zur Begründung einer 750-Jahrfeier der Stadt im Jahr 1938 ist versucht worden, die Ortsgründung auf das Jahr 1188 zu datieren, was in dieser Genauigkeit jedoch nicht möglich ist. 1188 ist zwar als Jahr der ersten Besiedlung nicht völlig auszuschließen, aber keineswegs zu beweisen. Um 1200 entwickelte sich aus dem Waldhufendorf eine nicht ummauerte Stadt. Den wichtigsten Anstoß dafür gab wahrscheinlich der in der Umgebung des Ortes damals aufgekommene Silberbergbau, der im 13. Jahrhundert seine Blütezeit erlebte.

Mitglieder der bis Anfang des 14. Jahrhunderts belegten Familie von Frankenberg treten später im Umfeld der Markgrafen von Meißen auf. Es ist jedoch anzunehmen, dass der 1206 genannte Heinrich zur Reichsministerialität des Pleißenlandes gehörte, wohl aber nicht zu den führenden Familien. Wahrscheinlich stand er mit Frankenberg in Lehnsabhängigkeit zu den Herren von Mildenstein, in deren Besitz sich Frankenberg 1214 befand. Nachdem der Bergbau im Zschopautal im 14. Jahrhundert allmählich zurückging, entwickelte sich Frankenberg zu einer handwerklich geprägten Stadt mit Nahmarktfunktion, in der die Tuchmacherei und die Leineweberei zu Hauptgewerben wurden. Im Spätmittelalter wurde Frankenberg Verwaltungszentrum eines sächsischen Amtes, zu dem seit 1633 auch die 1610 vom sächsischen Kurfürsten erworbene benachbarte Herrschaft Sachsenburg gehörte.

Gommern

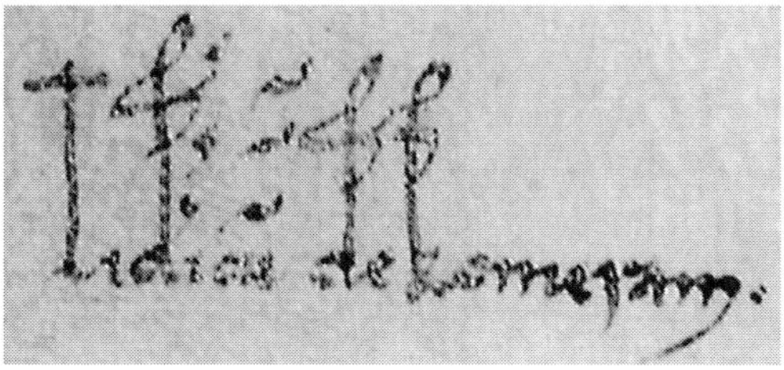

Abb. 28 Urkundenausschnitt „Tidericum de Komeram“

Gommern ist heute Teil von Heidenau, das 1920 durch Zusammenschluss der Gemeinden Gommern, Heidenau und Mügeln entstand und 1924 zur Stadt erhoben wurde. Die Nennung von 1206 ist für diesen Ort die Ersterwähnung. Allerdings gibt es im Gebiet von Gommren viel frühere Besiedlungsspuren. Archäologische Funde in der Ortsflur belegen eine Besiedlung schon vor etwa 5000 Jahren in der Jungsteinzeit. Die Ortsform eines Doppelrundweilers und der Ortsname weisen auf eine slawische Besiedlung hin. Bezüglich der Deutung des Ortsnamens gibt es zwei Hypothesen. Sprachlich am logischsten erscheint nach dem Beleg von 1206 das vom altsorbischen Lehnwort „komora“ für Kammer abgeleitete „Komořane“. Der Ort wäre dann die Siedlung der Untertanen einer Kammer, vielleicht der des Herzogs von Böhmen, gewesen. Inhaltlich sinnvoller scheint jedoch die zweite Hypothese zu sein, die sprachlich wiederum weniger gut passt. Sie leitet den Ortsnamen von altsorbisch „komor“ für Mücke ab. In Anbetracht der Lage des Ortes unweit der damals noch nicht regulierten Elbe mit ihren Altarmen und sumpfigen Niederungen ist für das Mittelalter durchaus mit dem überdurchschnittlich häufigen Vorkommen dieser Insekten zu rechnen. Eine ursprüngliche altsorbische Form „Komařno“, also „Mückenort“, ist daher in Betracht zu ziehen.

Gommern gehörte zum Herrschaftsbereich der Burggrafen von Dohna und war bis 1899 auch nach Dohna gepfarrt. Dietrich von Gommern, der vermutlich als burggräflicher Ministeriale auf einem unbefestigten Herrensitz im Dorf Gommern lebte, dürfte vom Burggrafen von Dohna für die Schiedskommission von 1206 berufen worden sein. Schon vor dem Ende der Burggrafschaft Dohna im Jahr 1402 gelangte ein Teil von Gommern jedoch an die Markgrafen von Meißen, die es dem Amt Dresden zuschlugen. Mit diesem Teil belehnte um 1350 Markgraf Friedrich III. von Meißen einen „Gelfradus de Kameran“, der nach gegenwärtigem Forschungsstand als letztes bekanntes Mitglied der Familie von Gommern anzusehen ist. Auch nach dem markgräflichen Sieg in der Dohnaischen Fehde setzte sich die verwaltungstechnische Teilung des Ortes noch über Jahrhunderte fort. Während der bisher dohnaische Teil nach dem Ende des selbständigen Amtes Dohna Mitte des 15. Jahrhunderts zum Amt Pirna geschlagen wurde, blieb der bereits zuvor in markgräflichem Besitz befindliche Teil bis 1688 beim Amt Dresden. Diese Langlebigkeit überkommener territorialer Strukturen ist für die Herangehensweise an Verwaltungsaufgaben im Mittelalter und in der frühen Neuzeit durchaus typisch. Vorhandene Strukturen wurden, wenn sie einigermaßen praktikabel waren, eher übernommen als reformiert. Im vorliegenden Fall kam hinzu, dass auf Dohna zunächst noch lehnrechtliche Ansprüche des Königreichs Böhmen bestanden, die es für das Dresdner Amtsgebiet nicht gab. Auch aus dieser Sicht erschien eine verwaltungsmäßige Vermischung beider Gebiete zunächst sicherlich nicht ratsam.

Gompitz

Abb. 29 Urkundenausschnitt „Hildebrandum de Gonpitz"

Das 1999 nach Dresden eingemeindete Gompitz ist eines von fünf Dörfern im heutigen Stadtgebiet von Dresden, für die die Urkunde vom 31. März 1206 ebenfalls die Ersterwähnung ist. Hildebrand von Gompitz war Mitglied der zur Grenzfestlegung bestimmten Schiedskommission. Von wem er dorthin berufen wurde, lässt sich nach heutigem Kenntnisstand nicht klären. Als Herkunftsname einer Familie ist der Ortsname Gompitz später auch nicht mehr belegt.

Gompitz ist nach seiner Ortsform ein erweiterter Rundweiler. Möglicherweise wurde ein bereits bestehendes slawisches Dorf im Zuge des hochmittelalterlichen Landesausbaus vergrößert. Der Ortsname ist schwer zu klären. Vermutet wurde unter anderem eine deutsch-slawische

Mischform, bei der an den deutschen Personennamen Gundbald die slawische Endung „-ici“ angehängt wurde.

Einer der späteren Besitzer des Gutes Gompitz, der Dresdner Ratsherr Lorenz Busmann, schenkte dieses Gut 1404 als Seelgerät, also als Stiftung zu seinem Seelenheil, dem Zisterzienserkloster Altzella. 1500 erwarb das Kloster von den Herzögen von Sachsen weitere Besitzungen im Ort. Der Klosterbesitz in Gompitz und anderen Orten um Dresden fiel nach der Reformation und der Auflösung des Klosters im Jahr 1550 an das Leubnitzer Ratsamt der Stadt Dresden.

Gorbitz

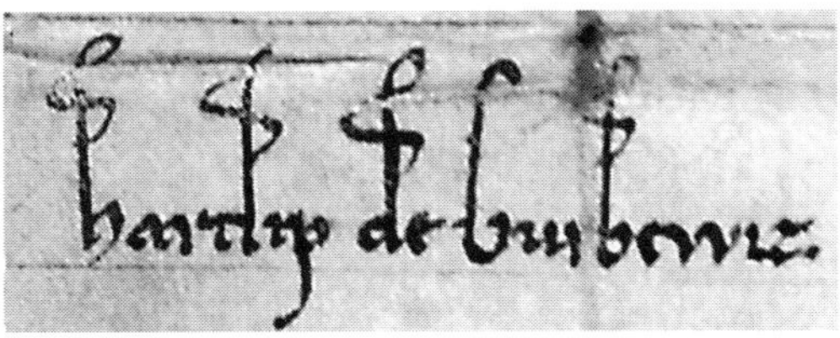

Abb. 30 Urkundenausschnitt „Hartlip de Gurbewiz“

Hartlieb von Gorbitz, in dessen Namen der 1921 nach Dresden eingemeindete Stadtteil 1206 erstmals auftritt, könnte zum Umfeld der Burggrafen von Dohna gehört haben. 1235 war sein Verwandter Burchard von Gorbitz jedenfalls Zeuge in einer Urkunde Burggraf Ottos I. von Dohna, also des Sohnes des am Rechtsstreit von 1206 beteiligten Burggrafen. Der slawische Ortsname ist von altsorbisch „gorb“ für Buckel, Höcker oder Hügel abgeleitet und nimmt wohl auf die Lage des Ortes auf einem Hügel Bezug. Die Ortsform eines Platzdorfes deutet auf die Frühphase des hochmittelalterlichen Landesausbaus ab etwa 1150. Ob es eine slawische Vorgängersiedlung des hochmittalterlichen Dorfes gab, ist bisher nicht geklärt. Denkbar ist auch, dass es sich um eine ganz oder teilweise von sorbischen Bauern getragene Neugründung nach 1150 handelt. In der Zeit des hochmittelalterlichen Landesausbaus nahm neben der deutschen auch die sorbische Bevölkerung zu, wenngleich in geringerem Maße, da hier der Faktor der Zuwanderung kaum eine Rolle spielte. Dies bedingte, dass auch hier der Bedarf zur Gründung neuer Dörfer entstand.

Im Mittelalter bestand Gorbitz nur aus dem heutigen Obergorbitz. Niedergorbitz entstand erst im 16. Jahrhundert als Gutssiedlung für die

Tagelöhner des in Gorbitz gelegenen Rittergutes. Folge war eine bis weit ins 19. Jahrhundert starke soziale Differenzierung zwischen dem verhältnismäßig reichen Bauerndorf Obergorbitz und dem sozial wesentlich schlechter gestellten Niedergorbitz, das 1873 Ausgangspunkt der letzten Choleraepidemie in Dresden wurde.

Das Rittergut wurde 1644 von Magdalena Sybilla, Ehefrau Kurfürst Johann Georgs I. von Sachsen, erworben und durch Zukäufe zu einem bedeutenden Kammergut ausgebaut. Auf dem Kammergut Gorbitz starb 1647 nach einem Besuch in Dresden der dänische Kronprinz Christian, der älteste damals noch lebende Sohn König Christians IV. von Dänemark.

Das ab 1981 entstandene Neubaugebiet Gorbitz umfasst neben einem großen Teil der historischen Flur von Gorbitz auch Teile der Fluren einiger benachbarter Orte. Ein Teil der Bauernhöfe des früheren Obergorbitz ist in der heutigen Uthmannstraße erhalten geblieben.

Greißlau

Abb. 31 Urkundenausschnitt „Erkenboldo de Grizlav“

Erkenbold von Greißlau hatte als Gesandter Markgraf Dietrichs von Meißen zusammen mit Burggraf Erkenbold von Döben eine herausgehobene Position bei der Schlichtung des Steitfalls von 1206. Wie jener gehörte er zu den Edelfreien (Nobiles), die innerhalb des damaligen Adels eine herausgehobene Schicht gegenüber den Ministerialen (Dienstadel) bildeten. Sein Stammsitz, Greißlau südwestlich von Weißenfels, lag in der Gegend an der Saale, wo Familien mit solcher herausgehobener Stellung verbreiteter waren, als im weiter östlich gelegenen Markengebiet. Urkundlich belegt sind die Familienmitglieder Berthold und Erkenbold von Greißlau in den Jahren von 1165 bis 1181 bzw. von 1195 bis 1230.

Beim 1160 erstmals erwähnten Ort Greißlau handelt es sich eigentlich um zwei Dörfer, die ab 1230 auch mit den unterscheidenden Zusätzen Ober- und Untergreißlau genannt werden. Wie romanische Bauteile in den Kirchen beider Dörfer belegen, existierten sie um 1200 bereits beide. Häufig wird angenommen, dass Langendorf, wohin Ober- und Untergreißlau heute eingemeindet sind, ursprünglich auch Greißlau hieß. Das dort 1230 gegründete Zisterzienserinnenkloster wurde nämlich in der Zeit bis 1273 häufiger nach Greißlau als nach Langendorf benannt.

Kaitz

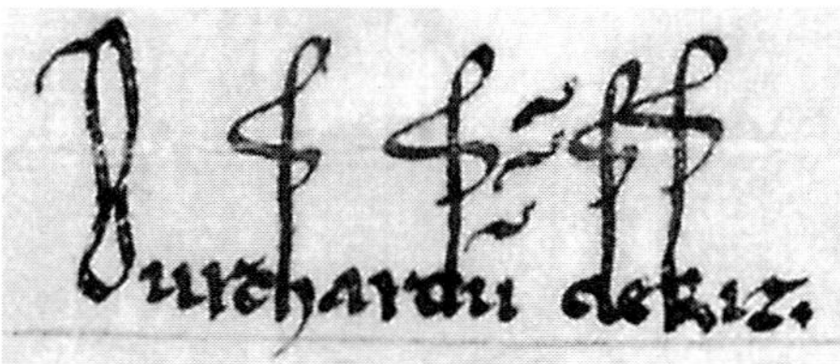

Abb. 32 Urkundenausschnitt „Burchardum de Kiz"

Auch für den 1921 eingemeindeten Dresdner Stadtteil Kaitz ist die Urkunde vom 31. März 1206 die Ersterwähnung. Burchard von Kaitz dürfte als Ministeriale der Burggrafen von Dohna auf einem Herrensitz im gleichnamigen Dorf ansässig gewesen sein. 1235 ist mit Albrecht von Kaitz noch ein Verwandter von ihm als Zeuge in einer Urkunde Burggraf Ottos I. von Dohna nachweisbar.

Die Ortsform eines Rundweilers und der slawische Ortsname deuten auf eine Besiedlung des Ortes schon vor dem hochmittelalterlichen Landesausbau. Zur Herleitung des Ortsnamens gibt es drei Hypothesen. In Frage kommt altsorbisch „kyj" für Stock[12] und „chyča" für Haus. Aber auch ein Personenname Kyj ist in Erwägung gezogen worden.

Nach dem 13. Jahrhundert spielte Kaitz als Herrensitz zunächst keine Rolle mehr. Erst in der zweiten Hälfte des 17. Jahrhunderts entstand hier in der Hand des Hauptsalzkassenverwalters Martin Lehmann wieder ein Erb- und Allodialgut, das allmählich fast die gesamte Dorfflur erwerben konnte, bis zum Jahr 1920 einen eigenen Gutsbezirk bildete und erst durch die Bodenreform von 1945 aufgelöst wurde.

12 Im Sinn einer Rodungssiedlung.

Am durch den Ort fließenden Kaitzbach gab es in der frühen Neuzeit vier Wassermühlen. Es ist gut denkbar, dass die Wasserkraft des Kaitzbachs auch schon zur Zeit der Ortsgründung für Mühlen genutzt wurde.

Kohren

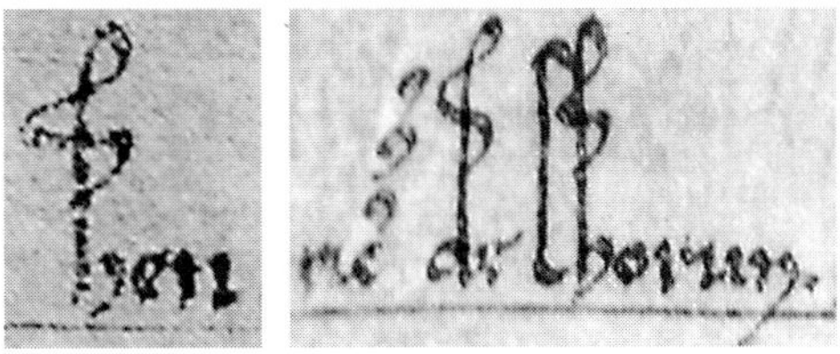

Abb. 33 Urkundenausschnitt „Henricus de Chorun"

Die kleine Stadt Kohren südwestlich von Geithain, seit 1934 mit dem benachbarten Dorf Sahlis zu Kohren-Sahlis vereinigt, gehört zu den am frühesten erwähnten Orten Sachsens. Bischof Thietmar von Merseburg berichtet in seiner Anfang des 11. Jahrhunderts abgefassten Chronik unter anderem darüber, dass Kaiser Otto II. 974 dem Bistum Merseburg einen Hof in „Chorin" schenkte. Durch archäologische Funde ist eine Besiedlung im Gebiet der Stadt jedoch bis weit in vorgeschichtliche Zeit und eine weitgehende Siedlungskontinuität spätestens seit dem 9. Jahrhundert nachweisbar. Auf die ursprünglich slawische Besiedlung des Ortes deutet auch der Ortsname. Er ist entweder von einem altsorbischen Personnennamen oder von altsorbisch „koreń" für Wurzel abgeleitet, was auf einen am Wald gelegenen Ort deuten könnte.

Um 1200 scheint das Bistum Merseburg bereits nicht mehr im Besitz von Kohren gewesen zu sein. Die Familie von Kohren, zu der der in der Urkunde von 1206 als Zeuge genannte Heinrich gehörte, ist seit 1190 nachweisbar und von da an bis in die erste Hälfte des 14. Jahrhunderts sehr häufig belegt. Ihre Standeszugehörigkeit ist nicht eindeutig bekannt. Erwogen worden ist, dass es sich um eine ursprünglich edelfreie Familie handeln könnte, die später zur Reichsministerialität gehörte. Wie auch die Urkunde von 1206 zeigt, ist sie jedoch ebenfalls häufig im Umfeld der Markgrafen von Meißen nachweisbar. Um 1220 scheinen die Herren von Kohren jedoch in einen Konflikt mit Markgraf Dietrich von Meißen verwickelt gewesen zu sein. Vage schriftliche Nachrichten über eine

Abb. 34 Burg Kohren, wahrscheinlich noch aus dem 12. Jahrhundert stammender westlicher Bergfried mit Ringmauer

Zerstörung der Burg Kohren im Jahr 1220 werden durch den archäologischen Befund einer etwa aus dieser Zeit stammenden Schicht mit Schutt und Holzkohle bestätigt. Spätestens 1240 scheint die vergleichsweise große Burg jedoch wieder aufgebaut gewesen zu sein.

Die Herren von Kohren, die nicht mit einer etwa gleichzeitig auftretenden gleichnamigen Familie verwechselt werden dürfen, die vielleicht zur Kohrener Burgmannschaft gehörte, sind 1303 letztmals in ihrem Stammort belegt und haben diesen Besitz vermutlich wenig später aufgegeben. Nach mehreren Besitzwechseln fiel die Burg Kohren 1451 für etwa 150 Jahre an die Familie von Einsiedel, die zuvor schon die benachbarte Burg Gnandstein innehatte. Gegenüber Gnandstein verlor die Kohrener Burg danach als Wohnsitz an Bedeutung und verfiel allmählich.

Der unter der Burg Kohren gelegene Ort hatte um 1200 sicherlich schon die Funktion eines Marktfleckens, erlangte aber erst 1453 ausdrücklich Stadtrecht. Bis ins 19. Jahrhundert stand die Grundherrschaft über den Ort dem benachbarten Rittergut Sahlis zu. Überregional bekannt wurde das Städtchen durch das bis heute hier beheimatete Töpfergewerbe.

Lautitz (obersorbisch Łuwoćicy)

Abb. 35 Urkundenausschnitt „Henricum de Lutiz“

Das 1994 nach Kittlitz eingemeindete Lautitz gehört seit 2003 zur Stadt Löbau. Sofern der 1206 als Mitglied der Schiedskommission genannte Heinrich von „Lutitz“ sich, wie hier angenommen wird, nach Lautitz in der Oberlausitz nannte, ist dies die Ersterwähnung für den Ort. Da die anderen Mitglieder der Schiedskommission, sofern sie mit Herkunftsnamen genannt sind, durchweg aus der unmittelbaren Umgebung Dresdens stammten, wird die Zuordnung des Belegs von 1206 zu Lautitz von einigen Autoren bezweifelt. Sie halten den heutigen Dresdner Stadtteil Leutewitz für wahrscheinlicher. Sprachlich passt der Beleg jedoch wesentlich besser zu dem vermutlich von einem altsorbischen Personennamen Lut oder Luta abgeleiteten Ortsnamen Lautitz. Zudem sind eindeutige adlige Namensträger von Lautitz seit 1318 mehrfach nachweisbar, während in Leutewitz kein Herrensitz belegt ist.

Falls die Zuordnung zu Lautitz stimmt, wäre für den genannten Heinrich am ehesten zu vermuten, dass er zum Umfeld des Meißner Bischofs gehörte, dessen geistliche Zuständigkeit auch den größten Teil der späteren Oberlausitz[13] umfasste. Neben dem Ortsnamen deutet auch die ursprüngliche Flurform eines lockeren Weilers auf eine sorbische Besiedlung von Lautitz bereits vor dem hochmittelalterlichen Landesausbau ab etwa 1150. Später wurde der nach dem benachbarten Kittlitz gepfarrte Ort um eine zum Rittergut Lautitz gehörige Gutssiedlung ergänzt.

13 Der ursprünglich auf die heutige Niederlausitz beschränkte Landschaftsname „Lausitz“ ging erst im 15. Jahrhundert allmählich auch auf die heutige Oberlausitz über.

Leitmeritz (Litoměřice, Tschechien)

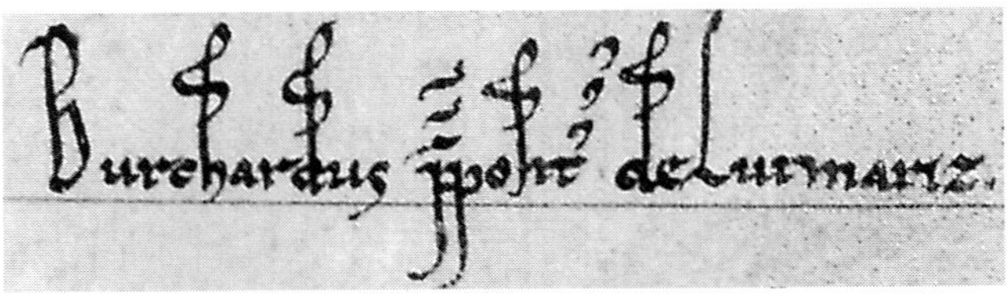

Abb. 36 Urkundenausschnitt „Burchardus prepositus de Lutmariz“

Burchard, Propst des Kollegiatstifts Leitmeritz, ist der einzige in der Urkunde von 1206 angeführte Zeuge, der eindeutig aus Böhmen stammt. Die Gründe für seinen damaligen Aufenthalt in Dresden sind unbekannt und sein Auftreten als Zeuge am 31. März 1206 dürfte eher zufällig sein. Seine Nennung zwischen Geistlichen der Meißner und der dieser unterstellten Wurzener Kirche könnte darauf hindeuten, dass er zum fraglichen Zeitpunkt ein Gast des Meißner Bischofs war.

Die Leitmeritzer Stephanskirche und das dortige Kollegiatstift waren um 1057 von Herzog Spytihněv von Böhmen aus der Dynastie der Přemysliden auf dem dortigen Burgberg gegründet worden. Um die Kirche und die dort bereits zuvor bestehende Burg entstand in der Folgezeit eine Handwerker- und Kaufmannssiedlung. In Anknüpfung daran kam es 1225 zur formellen Gründung und nachfolgenden planmäßigen Anlegung einer Stadt, die Magdeburger Recht erhielt.

Die Gegenreformation führte nach dem Dreißigjährigen Krieg zu einer Rekatholisierung der seit der Hussitenzeit im 15. Jahrhundert überwiegend evangelischen Stadt. In diesem Zusammenhang wurde das katholisch gebliebene Kollegiatstift 1655 in ein Bistum umgewandelt. Die alte Stephanskirche und die Gebäude des Kollegiatstifts wurden zugunsten des ab 1670 neu errichteten Domes und der Bischofsresidenz abgebrochen. Abbildung 37 zeigt noch die alten Gebäude im Bauzustand um die Mitte des 17. Jahrhunderts.

Abb. 37 Gebäude des Kollegiatstifts St. Stephan in Leitmeritz, Zustand 1651

Lohma

Abb. 38 Urkundenausschnitt „Timo de Lome“

Die um 1200 vermutlich zur Reichsministerialität im staufischen Reichsterritorium Pleißenland gehörige Familie von Lohma und damit auch der gleichnamige Ort[14] südöstlich von Altenburg treten in der Urkunde vom 31. März 1206 nach gegenwärtigem Kenntnisstand erstmals auf. Mitglieder der Familie von Lohma sind bis 1351 urkundlich nachweisbar. Der Urkundenzeuge von 1206 könnte zu einer Verhandlungsdelegation König Philipps von Schwaben gehört haben, die im März 1206 möglicherweise bei Markgraf Dietrich von Meißen weilte.

14 Heute Teil der Gemeinde Langenleuba-Niederhain in der Verwaltungsgemeinschaft Wieratal, Thüringen.

Bei der Heirat einer namentlich nicht bekannten Frau aus der Familie von Lohma mit Hermann von Mutschau in der zweiten Hälfte des 13. Jahrhunderts dienten wesentliche Besitzungen der Familie von Lohma im gleichnamigen Ort, vielleicht sogar der dortige Gesamtbesitz, als Mitgift. Diese Mitgift bildete 1295/96 die Grundlage einer Stiftung Hermanns von Mutschau für das Augustiner-Chorherrenstift auf dem Berge zu Altenburg. Als Einrichtungen im Ort sind bei dieser Gelegenheit bereits die Pfarrkirche und ein Gasthaus fassbar.

Der Ortsname Lohma geht auf das altsorbische „łom" im Sinn von Bruch bzw. auch Windbruch zurück. Im konkreten Fall wurde wahrscheinlich ein Waldname im letztgenannten Sinn, der einen Teil des nahegelegenen Leinawaldes bezeichnete, für den Ort übernommen.

Meißen

Abb. 39 Urkundenausschnitt „Tidericus dei gratia Misnensis marchio"

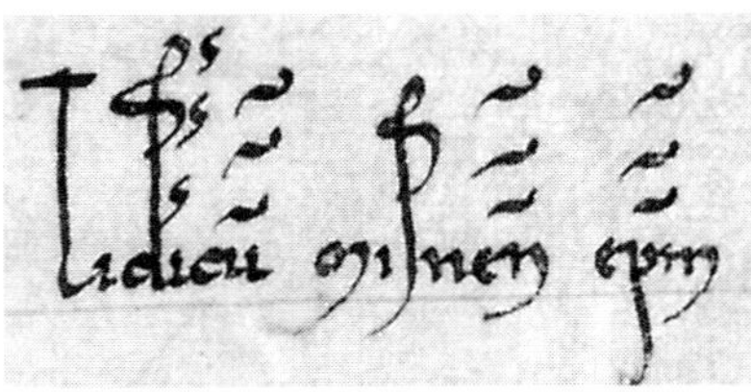

Abb. 40 Urkundenausschnitt „Tidericum Misnensem episcopum"

Mit Markgraf Dietrich und Bischof Dietrich II. nannten sich zwei der Hauptakteure des Schiedsgerichts von 1206 nach Meißen. Weitere Nennungen des Stadtnamens erfolgen in der Urkunde von 1206 in den Titeln von Geistlichen des Meißner Domkapitels. Damit ist Meißen der in der Urkunde am häufigsten genannte Ortsname.

Mit einer Ersterwähnung zum Jahr 929 in der Chronik Bischof Thietmars von Merseburg ist Meißen nach Püchau der Ort mit der zweitältesten Ersterwähnung im Gebiet des heutigen Freistaats Sachsen. Der Ortsname ist vom noch aus vorslawischer Zeit stammenden Gewässernamen Meisa abgeleitet. Dieser Bach mündet nördlich des Meißner Burgberges in die Elbe.

Auf dem Meißner Burgberg ist archäologisch eine Besiedlung in vorslawischer Zeit nachweisbar, jedoch keine sorbische Befestigungsanlage. Nach seinem siegreichen Feldzug gegen die sorbischen Daleminzer ließ König Heinrich I. 929 hier also eine Burg errichten, die nicht an einen unmittelbaren Vorgängerbau anknüpfte. Die Spornlage über der Elbe war strategisch gut für diesen vorgeschobenen Machtstützpunkt des deutschen Königtums geeignet.

Mit der Begründung der Markgrafschaft Meißen wahrscheinlich 965 und des Bistums Meißen 968 wurde Meißen das Machtzentrum zweier bedeutender Reichsfürsten. Als dritte reichsunmittelbare Gewalt traten später die 1068 erstmals eingesetzten Burggrafen hinzu, die 1143 bei der Erneuerung dieser Institution durch König Konrad III. ähnlich wie in Dohna als Amtsträger des Reiches mit weitreichenden Machtbefugnissen ausgestattet wurden. Seit 1171 war das Burggrafenamt in der Familie der Meinheringer erblich, deren letzter Vertreter 1426 in der Schlacht bei Aussig gegen die Hussiten fiel. Um 1200 war die ursprüngliche Holzburg mit Erdwällen aus der Zeit König Heinrichs I. bereits durch steinerne Bauten ersetzt, die in Höfe aller drei auf dem Meißner Burgberg ansässigen Herrschaftsträger, der Markgrafen, der Bischöfe und der Burggrafen, aufgeteilt waren.

Aus der Anwesenheit von drei reichsunmittelbaren Gewalten in so enger Nachbarschaft ergab sich eine Konkurrenzsituation, aus der letztlich die Markgrafen, die 1089 erstmals und seit 1123 durchgängig aus der Dynastie der Wettiner stammten, siegreich hervorgingen. Schon im 14. Jahrhundert verlegten die Bischöfe ihren Herrschaftsschwerpunkt zunehmend nach Stolpen, die Burggrafen ihren in ihre Grafschaft Hartenstein südöstlich von Zwickau. Nach dem Erlöschen der Burggrafendynastie der Meinheringer im Mannesstamm 1426 gelang es den Markgrafen, die seit 1423 auch Kurfürsten von Sachsen waren, in Auseinandersetzung mit den neu als Burggrafen eingesetzten Vögten von Plauen, die burggräflichen Rechte ganz an sich zu ziehen. Nach der Reformation wurden auch die Bischöfe aus Meißen verdrängt. Als der letzte Meißner Bischof 1581 zurücktrat, hatte er im Bereich von Schloss und Stadt Meißen bereits keinerlei reale Machtanteile mehr.

Unter der 929 erbauten Burg entstand eine Marktsiedlung, die 1015 erstmals belegt ist. Diese entwickelte sich im Laufe des 12. Jahrhunderts

Abb. 41 Ältestes nachweisbares Stadtsiegel von Meißen, belegt von 1285 bis 1403. Neben der Bürgerschaft (gewappneter Mann) sind hier alle drei in Meißen ansässigen Herrschaftsträger symbolisiert, das Bistum Meißen (Baldachin mit Türmen und Kreuzen), die Markgrafschaft Meißen (Wappen mit einem Löwen) und die Burggrafschaft Meißen (Wappen mit einem Andreaskreuz).

zu einer voll ausgebildeten ummauerten Stadt. Ob eine Nennung als civitas im Jahr 1150 schon den Abschluss dieser Entwicklung markiert, ist zwar nicht sicher, aber um 1200 war Meißen zweifellos schon eine voll ausgebildete Stadt. Das in Abbildung 35 gezeigte älteste Meißner Stadtsiegel verdeutlicht, dass alle drei auf der Burg ansässigen Herrschaftsträger ursprünglich Rechte in der Stadt innehatten. Aber auch in dieser Beziehung verschob sich das Schwergewicht zunehmend zugunsten der Markgrafen, deren Wappen als einziges in das bis heute gebrauchte Stadtwappen eingegangen ist.

Mutzschen

Abb. 42 Urkundenausschnitt „Cunradus de Mutsin“

Das östlich von Grimma gelegene Mutzschen wurde 1081 erstmals erwähnt, als König Heinrich IV. seinem Getreuen Chitile, vermutlich einem ortsansässigen Grundherrn sorbischer Herkunft, drei Dörfer im Gau Chutizi, darunter „Musitscin“ mit dem angrenzenden Wald, schenkte. Die Nennung des „Cunradus de Mutsin“ als Urkundenzeuge 1206 ist der nächste Beleg für den Ort im zeitlichen Abstand von 125 Jahren. Dieser Abstand verdeutlicht, wie lückenhaft die schriftliche Überlieferung für die Zeit bis zum 13. Jahrhundert oftmals ist.

Für Konrad von Mutzschen wird vermutet, dass er einer edelfreien Familie angehörte, die ihren Herrschaftsschwerpunkt im 13. Jahrhundert in die Oberlausitz verlegte und im Spätmittelalter im Mannesstamm ausstarb. Er selbst dürfte die Herrschaft Mutzschen mit der dortigen Burg noch innegehabt haben.

Diese Burg knüpfte an einen slawischen Burgwall an, der nach Errichtung der deutschen Herrschaft wohl noch im 10. Jahrhundert zu einem Burgwardsmittelpunkt ausgebaut wurde. Die Entwicklung des unter der Burg liegenden Dorfes zu einem kleinen Landstädtchen geht vermutlich auf die Burggrafen von Leisnig zurück, die die Herrschaft Mutzschen 1308 nachweislich besaßen, spätestens 1340 aber die Markgrafen von Meißen als Lehnsherren anerkennen mussten. Nachdem die Mutzschener Linie der Burggrafen von Leisnig 1421 erlosch, gelangte die Herrschaft spätestens 1447 als kursächsisches Lehen an die niederadlige Familie von Starschedel, wurde jedoch 1577 von Kurfürst August von Sachsen angekauft und in ein Amt umgewandelt. Die Burg und das im 18. Jahrhundert an ihrer Stelle errichtete Schloss wurden somit zum Behördensitz eines kursächsischen Amtes.

Ostra

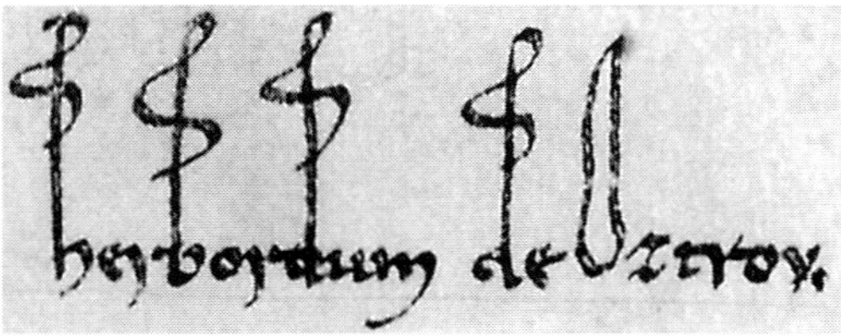
herbordum de oztrov

Abb. 43 Urkundenausschnitt „Herbordum de Oztrov“

Mit Ostra wird 1206 ein weiteres Dorf im heutigen Stadtgebiet von Dresden erstmals erwähnt. Es ist unter diesem Namen nicht Stadtteil von Dresden geworden, weil es 1568 auf Initiative des Kurfürsten August gegen Entschädigung der Einwohner aufgelöst wurde, um dort ein kurfürstliches Kammergut zu errichten. Die im Mittelalter um das Gebiet der benachbarten Wüstungen Rostagk und Wernten erweiterte Dorfflur befand sich im Gebiet der heutigen Friedrichstadt und des Großen Ostrageheges. Der Ortsname hat sich im Dresdner Stadtteil Leubnitz-Neuostra erhalten. In das 1568 auf dem ehemaligen Hof des Klosters Altzella in Leubnitz angelegte Dorf Neuostra wurde die Mehrzahl der ehemaligen Bewohner Ostras umgesiedelt. Der Name erinnert noch an die ursprüngliche Lage des Ortes im Flussgebiet der Elbe. Altsorbisch „ostrov“ im Sinn von Insel oder Horst steht hier offenbar für einen von einem Elbknie und Sumpfland umgebenen Ort.

Herbord von Ostra gehörte 1206 der zur Grenzfestlegung berufenen Schiedskommission an. Von wem er dorthin berufen wurde, steht nicht eindeutig fest. Die Tatsache, dass sich Ostra bis zur Mitte des 16. Jahrhunderts in bischöflich meißnischem Besitz befand, könnte für den Bischof sprechen, sofern diese Besitzverhältnisse bis in die Zeit um 1200 zurückreichen.

Auf einem Teil der Ostraer Flur wurde 1670 die Vorstadt Ostra angelegt. Sie wurde 1730 nach dem damaligen Kurprinzen Friedrich August, dem späteren Kurfürsten Friedrich August II. von Sachsen[15], Friedrichstadt benannt und 1835 nach Dresden eingemeindet.

15 Als August III. auch König von Polen.

Plauen

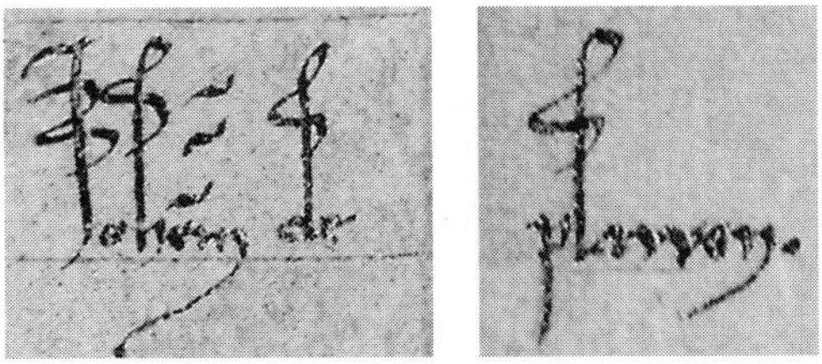

Abb. 44 Urkundenausschnitt „Johannem de Plawen“

Johann von Plauen war Mitglied der Grenzkommission von 1206. Da die Mitglieder der Kommission fast durchweg aus der unmittelbaren Umgebung Dresdens stammten, ist trotz des Fehlens weiterer Belege zu Trägern dieses Namens davon auszugehen, dass er sich nicht nach der Stadt Plauen im Vogtland, sondern nach dem 1903 eingemeindeten Dresdner Stadtteil nannte. Von wem Johann von Plauen in die Kommission von 1206 berufen wurde, ist nicht sicher feststellbar. Allerdings lag das ursprüngliche Dorf Plauen im Gebiet rechts der Weißeritz, das gemäß der Grenzbeschreibung von 1206 dem Markgrafen von Meißen zustand. Dies spricht eher gegen eine Zugehörigkeit zum Umfeld des Bischofs.

Der zu altsorbisch „pŀav“ für Schwemme bzw. Flöße gehörende Ortsname steht mit der Lage des Ortes an der Weißeritz im Zusammenhang. Wie die ursprüngliche Flurform eines Sackgassendorfes deutet dies auf eine slawische Gründung schon vor dem Beginn des hochmittelalterlichen Landesausbaus um 1150.

Die Wasserkraft der Weißeritz in der Ortsflur, zu der auch ein Teil des sich südlich an den Ort anschließenden Plauenschen Grundes gehörte, wurde seit dem Mittelalter für Mühlen genutzt. 1366 ist erstmals eine Mühle schriftlich belegt. Dass eine solche schon um 1200 bestand, ist wahrscheinlich. Im 19. Jahrhundert bildete das Wasser der Weißeritz die Grundlage der verhältnismäßig frühen Industrialisierung des Ortes und des sich südlich anschließenden Plauenschen Grundes. Seit 1541 entstanden von Plauen aus mehrere Röhrwasserleitungen zur Wasserversorgung der Stadt Dresden und des dortigen Schlosses. Allerdings war die Weißeritz auch die Ursache relativ häufiger Überschwemmungen mit zum Teil schweren Schäden, zuletzt im August 2002.

Potschappel

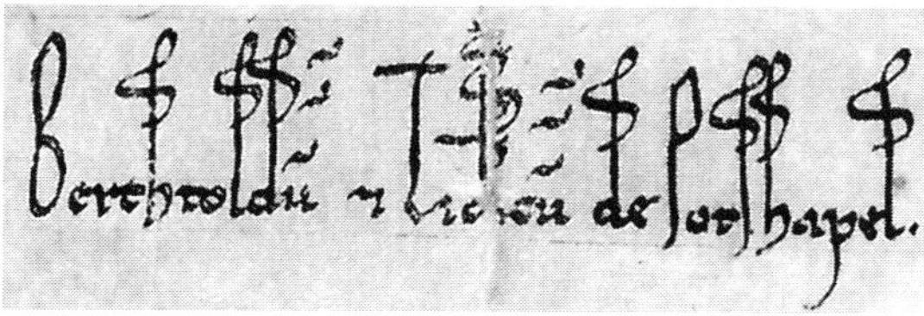

Abb. 45 Urkundenausschnitt „Berchtoldum et Tidericum de Potshapel“

In den Namen Bertholds und Dietrichs von Potschappel, zweier Mitglieder der Kommission, die 1206 für die Grenzfestlegung zuständig war, tritt neben Döhlen ein weiterer Ortsteil der Stadt Freital erstmals auf. Falls die Identifizierung des Baches Zuchewidre in der Urkunde mit der Wiederitz stimmt, lag mit der Mündung dieses Baches in die Weißeritz eine entscheidende Stelle der 1206 festgelegten Grenze in der Ortsflur von Potschappel. In jedem Fall waren sie diejenigen unter den Kommissionsmitgliedern, deren Stammsitz der umstrittenen Burg Thorun am nächsten lag. Da das ursprüngliche Dorf Potschappel westlich der Weißeritz und vermutlich zum größeren Teil auch nördlich der Wiederitz lag,[16] ist vielleicht an eine Zugehörigkeit Dietrichs von Potschappel zu den Vasallen Bischof Dietrichs II. von Meißen zu denken. Eine zweifelsfreie Zuordnung in das Umfeld eines Hochadligen ist jedoch auch hier nicht möglich. Erschwert wird die Zuordnung dadurch, dass es sich um Einzelbelege für Adlige handelt, die sonst nicht in der Überlieferung auftauchen. Der von Berthold und Dietrich von Potschappel oder deren Vorfahren in Potschappel begründete Herrensitz hat jedoch anscheinend eine Fortsetzung gefunden. Im ältesten überlieferten Lehnbuch der Markgrafen von Meißen von 1349/50 tritt ein allodium, also ein Vorwerk in Potschappel auf, aus dem sich wahrscheinlich das spätere Rittergut entwickelte, zu dem auch einige benachbarte Dörfer gehörten.

Die Dorfform eines Zeilendorfes und der etymologisch nicht zweifelsfrei geklärte slawische Ortsname deuten auf die wahrscheinliche Existenz eines sorbischen Dorfes schon vor der deutschen Besiedlung des Gebiets seit etwa 1150. Wie beim 1206 ebenfalls erstmals erwähnten Döhlen war auch die neuzeitliche Entwicklung von Potschappel durch Steinkohlenbergbau und frühe Industrialisierung geprägt. Wie Deuben und Döhlen

16 Diese Aussage ist nicht völlig gesichert, da der exakte Verlauf der Wiederitz im Mittelalter nicht geklärt werden konnte.

gehörte Potschappel 1921 zu den Gründungsgemeinden der Stadt Freital. Die Siedlungs- und Industriegebiete von Deuben und Potschappel, die heute den Stadtkern von Freital bilden, waren zum Zeitpunkt des Zusammenschlusses bereits weitgehend miteinander verschmolzen.

Prießnitz

Abb. 46 Urkundenausschnitt „Cunradus de Brezeniz“

Der von altsorbisch „breza“ für Birke abgeleitete Ortsname Briesnitz oder Prießnitz ist relativ häufig. Dies erschwert die Zuordnung des Zeugen „Cunradus de Brezeniz“ zu einem bestimmten Ort. Der heutige Dresdner Stadtteil Briesnitz kommt im vorliegenden Fall kaum in Betracht, da unter den Mitgliedern der Grenzkommission von 1206 bereits zwei nur mit dem Vornamen genannte Personen identifiziert werden konnten, die der Familie zuzuordnen sind, die sich nach Briesnitz bei Dresden nannte. In der bisherigen Forschung wurde mehrheitlich angenommen, dass es sich um einen Reichsministerialen aus einer Familie handelte, für die Prießnitz südlich von Naumburg als Stammsitz angenommen wurde. Auch der Autor dieser Zeilen ist bisher dieser Auffassung gefolgt. Diese Zuordnung berücksichtigt jedoch nicht die bei der sprachwissenschaftlichen Untersuchung des Mittelsaalegebiets von Ernst Eichler und Hans Walther gewonnene Erkenntnis, dass die mittelalterlichen Belege für dieses Prießnitz stark von den sonst üblichen Formen abweichen und nicht auf das altsorbische „breza“ für Birke zurückgehen. Der Erstbeleg von 1196 lautet beispielsweise 1196 Brisez. Die Namensform Prießnitz entstand in diesem Fall erst seit dem 16. Jahrhundert durch Angleichung an die Schreibweise des südlich davon gelegenen Dorfes Frauenprießnitz.

Somit ist sehr wahrscheinlich Frauenprießnitz der Stammort der 1144 erstmals erwähnten Familie von Prießnitz, die vielfach im Saaleraum belegt ist. Dieser 1274 als „Brisenicz“ genannte Ort zeigt in seinen mittelalterlichen Belegen deutlich die übliche Herleitung vom altsorbischen

„breza“. Der seit dem 16. Jahrhundert belegte Namenszusatz „Frauen-” geht auf das 1259 erstmals erwähnte Zisterzienserinnenkloster in diesem Ort zurück. Nach der Reformation entstand aus den Kloster Frauenprießnitz ein Schloss der Schenken von Tautenburg. Nach dem Erlöschen der Schenken von Tautenburg 1640 ging Frauenprießnitz als Teil der Herrschaft Tautenburg an die Wettiner über.

Neben Frauenprießnitz kommt am ehesten Prießnitz östlich von Borna als Stammsitz des 1206 genannten Konrad in Betracht. In diesem Fall würde es sich um einen der zahlreichen Einzelbelege für sonst nicht belegbare Familien in der Urkunde handeln. Da es in diesem Ort später ein Rittergut gab, ist hier ein hochmittelalterlicher Herrensitz als dessen Vorläufer gut denkbar.

Reinhardtsgrimma

Abb. 47 Urkundenausschnitt „Reinoldum de Grimme et Hugonem fratrem eius“

Die Brüder Reinhold und Hugo von Grimma wurden vermutlich von Burggraf Heinrich II. von Dohna in die Grenzkommission von 1206 berufen. Obwohl die Familie um die Mitte des 13. Jahrhunderts zeitweilig auch im Umfeld der Markgrafen von Meißen nachweisbar ist, blieben ihre Mitglieder letztlich bis zur Dohnaischen Fehde am Anfang des 15. Jahrhunderts Vasallen der Burggrafen.

Bemerkenswert ist, dass sich in der Umgebung des Ortes zwei Burganlagen befanden, die Wasserburg, die in der zweiten Hälfte des 18. Jahrhunderts durch das bis heute erhaltene bemerkenswerte Rokokoschloss überbaut wurde, und die Burg Grimmstein, von der sich östlich des Ortes über dem Schłottwitzgrund geringe Reste erhalten haben. Auch ein 1867 auf dem Gelände des Rittergutes geborgener bedeutender Fund von Münzen des 13. Jahrhunderts zeugt von der Bedeutung des Ortes an einem Erzgebirgsübergang nach Böhmen.

Falls der 1206 erstmals fassbare Ortsname Grimma ursprünglich der Burg Grimmstein zukam, ist eine Ableitung vom mittelhochdeutschen „grimme“ für eine enge Schlucht zu erwägen, da die Anlage auf einem

Abb. 48 Mittelalterliches Steinkreuz in Reinhardtsgrimma. Nach einer sagenhaften Überlieferung soll Weigold von Bernstein Anfang des 15. Jahrhunderts hier den Räuber Wittich überwältigt haben.

Bergsporn über dem verhältnismäßig steilen Schlottwitzgrund lag. Ansonsten ist eher die Herleitung von einem slawischen Flurnamen in Betracht zu ziehen, der zu altsorbisch "grim" für Gesträuch gehört.

Das Erstglied des Ortsnamens ist wahrscheinlich auf Reinhold von Grimma oder ein anderes gleichnamiges Mitglied dieser Familie zurückzuführen. Der Namenszusatz ist erstmals 1348 als „Reynoldisgrimme" nachweisbar. Abgewandelte Formen wie „Reinardsgrymme" erscheinen erst ab 1402 neben der ursprünglichen Form und setzen sich im 16. Jahrhundert durch. Reinhold und Hugo von Grimma wurden möglicherweise auch für die Reinhardtsgrimma benachbarten Dörfer Reinholdshain[17] und Hausdorf[18] namengebend. Alle drei Dörfer weisen die für den hochmittelalterlichen Landesausbau um 1200 typische Waldhufenflur auf. Dadurch gewinnt die Hypothese, dass sie von Mitgliedern der Familie von Grimma gegründet wurden, an Wahrscheinlichkeit. Die relativ späte Erwähnung von Hausdorf und Reinholdshain erst im 14. und 15. Jahrhundert spricht nicht dagegen, dass auch diese Orte bereits um 1200 gegründet wurden. Die ohnehin dünne schriftliche Überlieferung des

17 Erstbeleg 1445 als „Reinolczhain".
18 Erstbeleg 1350 als „Hugesdorf".

Mittelalters scheint im Gebiet der ehemaligen Burggrafschaft Dohna durch erhebliche Überlieferungsverluste noch weiter reduziert worden zu sein.

An den hochmittelalterlichen Herrensitz knüpfte das bis 1945 bestehende Rittergut Reinhardtsgrimma an. Seit dem Mittelalter war Reinhardtsgrimma Standort einer Pfarrkirche. Möglicherweise gab es um 1200 bereits eine Kirche. Darauf deuten auch in der heutigen Bausubstanz der Kirche noch feststellbare Spuren eines romanischen Vorgängerbaus. Mittelalterlichen Ursprungs ist auch ein im Ort aufgestelltes Steinkreuz. Seine Entstehungssage weist jedoch eher in das Spätmittelalter als in die Zeit um 1200.

Schellenberg (heute Augustusburg)

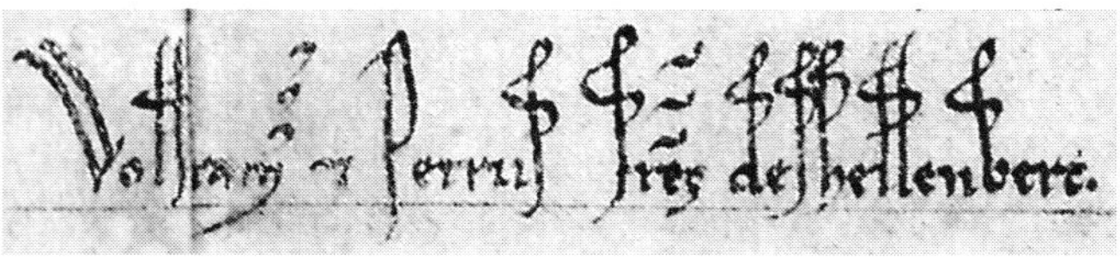

Abb. 49 Urkundenausschnitt „Wolframus et Petrus fratres de Shellenberc"

Mit der Nennung Wolframs und Peters von Schellenberg als Zeugen in der Urkunde von 1206 wird auch der ursprüngliche Ortsname des heutigen Augustusburg erstmals genannt. Der Name der zu den Reichsministerialen des Pleißenlandes zählenden Familie wurde möglicherweise von einer gleichnamigen Burg östlich von Erlangen übertragen, die ebenfalls Sitz von Reichsministerialen war. Das Erstglied des Burgnamens ist von mittelhochdeutsch „schellen" für „tönen" oder mittelhochdeutsch „schelle" für Glöckchen abgeleitet.

Die Herren von Schellenberg gehörten zunächst zu den Reichsministerialen des Pleißenlandes, die beim Ausbau ihrer Herrschaft am erfolgreichsten waren. Dabei wurden sie auch Konkurrenten der in der Urkunde von 1206 ebenfalls erwähnten benachbarten Familie von Erdmannsdorf. Auf den Niedergang der Reichsgewalt im Pleißenland seit dem 13. Jahrhundert und den schrittweisen Übergang dieses Gebietes an die Wettiner reagierten beide Familien unterschiedlich. Während die Erdmannsdorfer sich mit den Wettinern arrangierten und deren Oberherrschaft anerkannten, versuchten die Schellenberger eine reichsunmittelbare Stellung zu behaupten. Dies war letztlich zum Scheitern verurteilt. Die Entscheidung brachte letztlich ein langjähriger Besitzstreit der Herren von Schellenberg mit dem wettinischen Hauskloster Altzella, in dem sich die Wettiner auf die Seite des Klosters stellten. Nach markgräflichen Belagerungen der Burg Schellenberg 1286 und 1292 kam es 1293 zunächst noch einmal zu einem Vergleich zwischen den Herren von Schellenberg und dem Kloster, der einige Jahrzehnte hielt. Das erneute Aufflammen des Streits im zweiten Jahrzehnt des 14. Jahrhunderts brachte für die Schellenberger jedoch das Ende, zumal sie auch nicht auf die Unterstützung des mit den Wettinern verbündeten Königs Ludwig des Bayern rechnen konnten. Sie verfielen vor 1319 der Reichsacht und hatten spätestens 1323 die Burg Schellenberg an die Markgrafen von Meißen verloren. 1324 belehnte König Ludwig Markgraf Friedrich III. von Meißen mit der Herrschaft Schellenberg, aus der sich nun ein markmeißnisches Amt mit der Burg als Verwaltungssitz bildete.

Durch einen Brand 1528, durch Kriegshandlungen im Schmalkaldischen Krieg 1547 sowie durch Blitzschlag und nachfolgenden Brand im gleichen Jahr wurde die Burg Schellenberg erheblich beschädigt. Sie wurde ab Herbst 1567 abgetragen. Kurfürst August ließ an ihrer Stelle das heute noch dort befindliche große Renaissanceschloss errichten, für das am 30. März 1568 der Grundstein gelegt wurde und das bis 1573 im Wesentlichen fertiggestellt war.

Die unter der Burg befindliche Siedlung hat sich spätestens bis zur Mitte des 16. Jahrhunderts zu einer kleinen Stadt entwickelt. Sie trug bis zum Ende des 19. Jahrhunderts den Namen Schellenberg bzw. Stadtschellenberg zur Unterscheidung vom benachbarten gleichnamigen Dorf. 1899 erfolgte in Anlehnung an den Schlossnamen des 16. Jahrhunderts die Umbenennung des Ortes in Augustusburg. Der sächsische Kurfürst, der durch den Schlossbau von 1568 bis 1573 nachhaltig in die Entwicklung der Stadt eingriff und ihr am 14. August 1564 auch ein Wappen verlieh, ist somit auch für die Stadt namengebend geworden.

Sternberg im Grabfeld

Abb. 50 Urkundenausschnitt „Henricus et Albertus fratres de Sterenberc“

Das südöstlich von Bad Königshofen gelegene Sternberg im Grabfeld, heute Ortsteil von Sulzdorf an der Lederhecke im Landkreis Rhön-Grabfeld des Freistaates Bayern, ist der am weitesten von Dresden entfernte Ort, der sich in den Namen der in der Urkunde von 1206 genannten Personen feststellen lässt. Für den Edelfreien Heinrich von Sternberg, offenbar den älteren Bruder des in der Urkunde von 1206 ebenfalls als Zeuge genannten Albrecht, ist 1199 urkundlich belegt, dass er ein Sohn des Grafen Poppo von Irmelshausen war. Der gegenüber seinem Vater abweichende Herkunftsname des Sohnes könnte darauf hindeuten, dass jener die Herrschaft Sternberg erst begründete und sich nach dieser neuen Herrschaft nannte. Der Ortsname geht wahrscheinlich auf einen älteren Bergnamen zurück, der nicht zu „Stern“, sondern zu althochdeutsch „stero“ für Widder gehört. Hier liegt also wahrscheinlich einer der zahlreichen Fälle vor, in dem ein nicht mehr verstandener alter Name später umgedeutet wurde.

Nachdem 1199 noch der Aufenthalt Heinrichs von Sternberg in Würzburg, also in der weiteren Umgebung seines Stammsitzes, nachweisbar ist, scheint er sich von 1200 bis 1206 in der Mark Meißen aufgehalten zu haben. Er ist hier jedenfalls bereits in zwei Urkunden von 1200 belegt. Ob ihn sein Bruder, der nur 1206 fassbar ist, von Anfang an begleitet hat, ist unklar. Die Gründe für diesen Aufenthalt der beiden Brüder sind unbekannt. Vielleicht hat sie die Hoffnung auf den Erwerb neuer Herrschaftsrechte im Markengebiet dazu veranlasst. Letztlich blieb ihr Aufenthalt aber eine Episode. Spätestens 1212 war Heinrich von Sternberg zurückgekehrt und ist erneut in Würzburg fassbar. Gegen Ende des Jahres 1228 fiel er in einer militärischen Auseinandersetzung mit Graf Poppo von Henneberg bei Meiningen. Sein Sohn Berthold war von 1274 bis 1287 Bischof von Würzburg. Die wohl auf Heinrich von Sternberg zurückgehende Burg Sternberg wurde von 1667 bis 1669 vom damaligen Besitzer Wolff Dietrich von Wetzhausen durch ein Barockschloss ersetzt.

Wie die Brüder von Sternberg stammte auch der 1206 unmittelbar nach ihnen genannte Zeuge Heinrich Schotte, dessen Name möglicherweise mit Schottenstein südwestlich von Coburg zusammenhängt, aus Franken. Bei ihm ist ein möglicher Grund für seinen zeitweiligen Aufenthalt in der Mark Meißen überliefert. Der bischöflich bambergische Ministeriale hatte eine als „Scotenouwe“ fassbare Burg auf dem Gebiet des Klosters Banz errichtet und war deshalb exkommuniziert worden. Ihm dürfte durchaus bewusst gewesen sein, dass der 1206 in Dresden entschiedene Streitfall seinem eigenen sehr ähnelte.

Trebsen

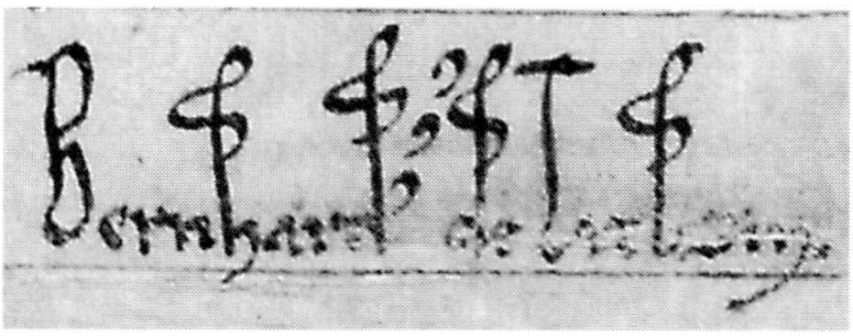

Abb. 51 Urkundenausschnitt „Bernardus de Trebzin“

Ein slawisches Dorf, das im 10. oder 11. Jahrhundert im Zuge der Christianisierung eine Kirche erhielt, und einen Fährübergang über die Mulde hat es im Gebiet um Trebsen offenbar schon vor Beginn des hochmittelalterlichen Landesausbaus um 1150 gegeben. Dies lässt sich aus dem von einem slawischen Personennamen abgeleiteten Ortsnamen sowie aus für spätere Zeiten überlieferten Rechtsverhältnissen der Kirche und der Fähre ableiten. Die Trebsener Kirche weist bezüglich des Umfangs ihres Kirchspiels und ihrer Ausstattung typische Merkmale der im Slawengebiet zuerst begründeten Urpfarreien auf. Ihr stand als Ausstattung ein ganzes Dorf, das im Spätmittelalter wüst gewordene Pfaffendorf im Gebiet des späteren Bahnhofs, zur Verfügung. Auf das hohe Alter des Fährübergangs deutet ein 1519 bezeugter Salz- und Pfefferzins, der davon zu entrichten war. Die Einführung solcher Zinse war nur bis zum 12. Jahrhundert üblich. Außerdem belegt ein solcher Zins, dass Fernhändler über Trebsen reisten, denn ansonsten hätte der Inhaber der Fähre die entsprechenden Produkte nur schwer erwerben können.

Die Familie, die sich nach dem nördlich von Grimma gelegenen Trebsen nannte, ist 1161 erstmals bezeugt. Dies ist gleichzeitig der erste schriftliche Beleg für den Ort. Bezüglich ihrer Position in der Hierarchie des Adels hat sich die Familie von Trebsen einer Anpassung an die jeweiligen gesellschaftlichen Kräfteverhältnisse unterworfen. War sie bei ihrer

Erstnennung 1161 offenbar noch edelfrei, so scheint sie 1172 schon in die staufische Reichsministerialität übergegangen zu sein. Im 13. Jahrhundert wechselte sie schrittweise in wettinische Dienste. Bernhard von Trebsen wird zwar in der Zeugenreihe der Urkunde vom 31. März 1206 noch zwischen anderen Reichsministerialen und Edelfreien genannt, jedoch galt dessen Sohn schon als wettinischer Ministerialensohn, als er 1212 einer der Geiseln wurde, die das Bündnis Markgraf Dietrichs von Meißen mit Kaiser Otto IV. verbürgten.

Von der Wasserburg der offenbar im Spätmittelalter erloschenen Familie von Trebsen hat sich nur der in das heutige Schloss integrierte Bergfried erhalten. Der Ort Trebsen blieb bis zum 19. Jahrhundert vom hier befindlichen schriftsässigen, das heißt unmittelbar der sächsischen Zentralverwaltung unterstehenden Rittergut abhängig. Obwohl er wahrscheinlich schon um 1200 einige städtische Merkmale aufwies, gelang ihm der Aufstieg zu einer Stadt im vollen Rechtssinn nur sehr allmählich. Dies zeigt sich auch darin, dass Trebsen 1404 ausdrücklich als Dorf bezeichnet wurde. Die Bezeichnung Städtlein erscheint erstmals 1518. Abgeschlossen wurde die Entwicklung zur Stadt erst im 19. Jahrhundert mit der Verleihung eines Jahrmarktes 1812 und mit der allmählichen Lösung vom Rittergut im Gefolge der in Sachsen ab 1831 eingeleiteten Reformen.

Vesta

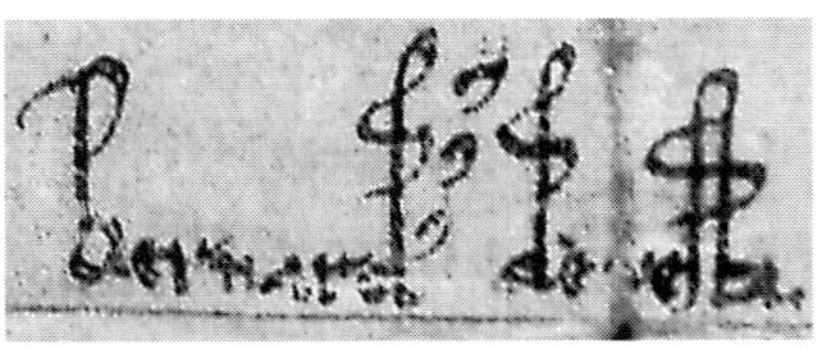

Abb. 52 Urkundenausschnitt „Bernardus de Vesta“

Der Reichsministeriale Bernhard von Vesta, der sich nach dem heute als Ortsteil zu Bad Dürrenberg gehörenden Dorf Vesta an der Saale nannte, ist der erste schriftlich belegte Vertreter seiner Familie. Er ist von 1191 bis zu seinem Tod 1220 fassbar. Auf ihn geht auch die Begründung der Oberlausitzer Herrschaft seiner Familie in Kamenz zurück. Ein Zweig der Familie nannte sich bald nicht mehr nach Vesta, sondern nach seinem neuen Herrschaftszentrum Kamenz, dessen städtische Entwicklung von seinen Mitgliedern maßgeblich gefördert wurde. Mitglieder dieses Familienzweigs stifteten 1248 auch das bis heute bestehende Zisterzienserinnenkloster St. Marienstern bei Kamenz.

Im an der Saale gelegenen Vesta ist urkundlich ein dem Reich gehöriger Hof nachweisbar, dessen Verwaltung den Reichsministerialen aus der gleichnamigen Familie wohl oblag. Ob eine Wehranlage nordwestlich des Ortes, in der bei Grabungen Keramik des 11. und 12. Jahrhunderts gefunden und die offenbar durch Feuer zerstört wurde, mit den Herren von Vesta zusammenhängt, ist unsicher. Der Ortsname Vesta geht jedenfalls auf das mittelhochdeutsche „veste" im Sinn eines befestigten Ortes oder einer Burg zurück.

Während die Herren von Kamenz außerhalb des markmeißnischen Einflussbereiches blieben, erwarb der in Vesta verbliebene Zweig im 13. Jahrhundert auch Grundbesitz im markmeißnischen Herrschaftsbereich und ist oft im Umfeld der Wettiner nachweisbar. Vertreter der Familie gehörten auch zur Burgmannschaft von Weißenfels.

Wahren

Abb. 53 Urkundenausschnitt „Henricus de Warin"

Das nordwestlich von Leipzig gelegene und 1922 nach Leipzig eingemeindete Dorf Wahren gehört zu den relativ früh bezeugten Orten in Sachsen. Anfang Februar 1004 begann König Heinrich II. einen Feldzug gegen die sorbischen Milzener im Gebiet der heutigen Oberlausitz, brach jenen aber noch im selben Monat wegen ungünstiger Wetterbedingungen ab und kehrte nach Merseburg zurück. Am Anfang dieser gescheiterten Militäraktion hat sich der König offenbar auch im zum damaligen Burgward Schkeuditz gehörigen Wahren aufgehalten. Eine auf den 8. Februar 1004 datierte Urkunde Heinrichs für die Alte Kapelle in Regensburg ist jedenfalls hier ausgestellt. Auf dem heutigen Kirchberg, dem späteren Standort der Pfarrkirche, deuten archäologische Funde auf eine Vorbebauung. Möglicherweise befand sich hier ein befestigter Königshof. An einem Ort, an dem ein König im Winter urkundete, ist das Vorhandensein eines festen Quartiers jedenfalls wahrscheinlich.

Der Erstbeleg des Ortsnamens von 1004 in der Namensform „Vvarim" verdeutlicht die sprachliche Herkunft noch besser als das 1206 verwendete bereits etwas abgewandelte „Warin". Der Name gehört zum altsorbischen „variti" für kochen. Er bezeichnete hier offenbar im übertragenen Sinn eine Stelle an der Weißen Elster, an der das Wasser dieses Flusses durch Strudel aufgewühlt war. Durch archäologische Funde ist für Wahren tatsächlich eine Besiedlung schon zu slawischer Zeit nachgewiesen. Die Ortsform spricht dafür, dass ein ursprüngliches slawisches Sackgassendorf in der Zeit des hochmittelalterlichen Landesausbaus ab etwa 1150 zu einem Platzdorf erweitert wurde.

Die erste Wahrener Pfarrkirche wurde nach archäologischen Befunden vermutlich ebenfalls um 1150 oder etwas später errichtet. Wahrscheinlich ging die Initiative zu ihrer Gründung schon auf die edelfreien Herren von Wahren zurück, die ab 1185 oftmals schriftlich belegt sind, darunter auch als Herkunftsname eines Zeugen in der Urkunde vom 31. März 1206. Ihr Stammsitz, eine Wasserburg, befand sich auf dem Gelände des späteren Rittergutes an der Weißen Elster. Die Familie, die im Umfeld der Markgrafen von Meißen, aber auch der Bischöfe von Merseburg nachweisbar ist, hatte mindestens bis 1317 Besitzungen im Ort. Nach dem ältesten wettinischen Lehnbuch von 1349/50 war das Gut Wahren damals schon im Besitz des Johann Portzig. Die im selben Lehnbuch genannten vier Mitglieder der Familie von Wahren hatten damals andere Besitzungen in der weiteren Umgebung von Leipzig inne.

Wermsdorf

Abb. 54 Urkundenausschnitt „Henricus de Werenboldisdorf“

Die Nennung des Heinrich von Wermsdorf als Zeuge in der Urkunde vom 31. März 1206 ist gleichzeitig die Ersterwähnung für den Ort nordöstlich von Mutzschen, nach dem sich dieser Adlige bezeichnete. Der Familienname von Wermsdorf ist daneben nur noch einmal im Jahr 1241 belegt, als ein „Burchardus de Werenboldestorp“ als Zeuge einer Urkunde Bischof Konrads I. von Meißen auftrat. Neben einem frühen Erlöschen der Familie kann auch eine nur zeitweilige Benennung nach diesem Ort die Ursache für das nur zweimalige Auftreten sein. Nach seiner Herkunft war Heinrich von Wermsdorf wahrscheinlich edelfrei. Dafür spricht die Nennung unmittelbar vor dem nachweislich edelfreien Heinrich von Wahren in der Urkunde von 1206.

Wermsdorf ist nach seiner Flurform ein Waldhufendorf, also eine typische Gründung der Kolonisationszeit zwischen 1150 und 1250. Der deutsche Ortsname ist vom Personennamen Werenbold abgeleitet. Während dies in der Ersterwähnung als „Werenboldisdorf“ noch deutlich sichtbar ist, wurde der Name später verkürzt. Die Entwicklung verlief über die Stationen „Wermboldesdorf“ (1282), Wermelsdorf (1403) und Wermesdorff (1440) zur heutigen Form.

Wermsdorf gehörte im Spätmittelalter zu den Besitzungen der 1421 erloschenen Mutzschener Linie der Burggrafen von Leisnig, von denen es an die Familie von Starschedel kam, die das Gut 1565 an Kurfürst August von Sachsen verkaufte. Die Kurfürsten von Sachsen nutzen den wildreichen Wermsdorfer Forst fortan häufig als Jagdrevier. Bereits Kurfürst August ließ hier ein Jagdhaus errichten. Von 1608 bis 1626 wurde unter den Kurfürsten Christian II. und Johann Georg I. das im Renaissancestil gestaltete Jagdschloss erbaut, das heute als Sitz der Gemeindeverwaltung dient. Es steht auf Resten einer mittelalterlichen Wasserburg, die wohl der Sitz der beiden im 13. Jahrhundert erwähnten Herren von Wermsdorf war.

Ab 1721 wurde für den Kurprinzen Friedrich August bei Wermsdorf das sehr großzügig angelegte Jagdschloss Hubertusburg errichtet. Es konnte nur relativ kurzfristig im ursprünglichen Sinn genutzt werden, da der Hauptbau 1761 während des Siebenjährigen Krieges bis auf die Schlosskirche weitgehend preußischen Plünderungen zum Opfer fiel. Das Schloss ging durch den in einem nach den Plünderungen noch leidlich erhalten gebliebenen Seitenflügel dieses Bauwerks geschlossenen Hubertusburger Frieden von 1763 zwischen Preußen, Österreich und Sachsen, der den Siebenjährigen Krieg beendete, in die Geschichte ein.

Wurgwitz

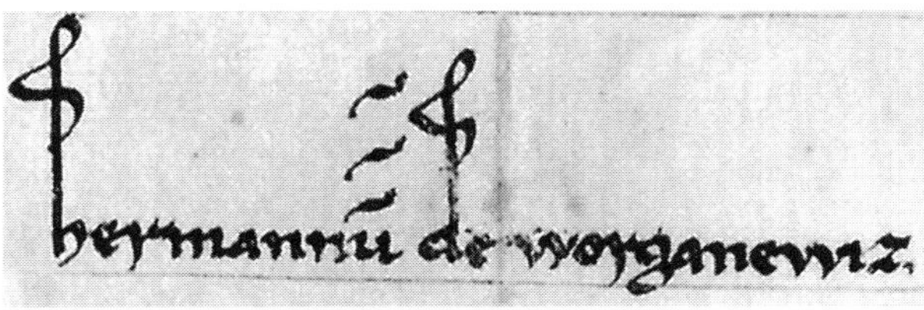

Abb. 55 Urkundenausschnitt „Hermannum de Worganewiz"

Wurgwitz, das seit der Eingemeindung 1973 der nordwestlichste Ortsteil der Stadt Freital ist, wird mit der Nennung des Hermann von Wurgwitz am 31. März 1206 erstmals erwähnt. Hermann gehörte zu den Schiedsrichtern im damaligen Streitfall. Wahrscheinlich war er bischöflich meißnischer Ministerialer und wurde vom Bischof in die Schiedskommission entsandt. Seine Familie ist bis zum Anfang des 14. Jahrhunderts urkundlich belegt. Wurgwitz ist nur etwa 2 km von der damals umstrittenen Burg Thorun entfernt, falls deren Lokalisierung auf dem Pesterwitzer Burgwartsberg zutrifft. Diese dohnaische Burg könnte also durchaus auch die eigene Interessensphäre dieses Adligen gestört haben.

Der Ortsname von Wurgwitz gehört zum slawischen Personennamen „Vorgan", der mit dem altsorbischen Wort „vrog" für Feind im Zusammenhang steht. Der Ort wird siedlungsgeographisch als weilerartiges Gassendorf eingestuft, was ebenfalls für einen slawischen Ursprung spricht.

Das nach Kesselsdorf gepfarrte Wurgwitz besaß spätestens im 16. Jahrhundert keinen eigenständigen Herrensitz mehr, sondern gehörte nacheinander zu den Rittergütern Niederjahna, Schieritz und Klingenberg.

Im 14. Jahrhundert bezogen auch die Markgrafen von Meißen Einnahmen aus Wurgwitz. Nach dem Einkünfteverzeichnis der wettinischen

Länder von 1378 hatte der dem Amt Dresden zugeordnete Ort zu Walpurgis 45 Groschen und zu Michaelis anderthalb Schock Groschen[19] sowie ohne Terminangabe je sechs Scheffel Roggen und Hafer zu entrichten.

Wurzen

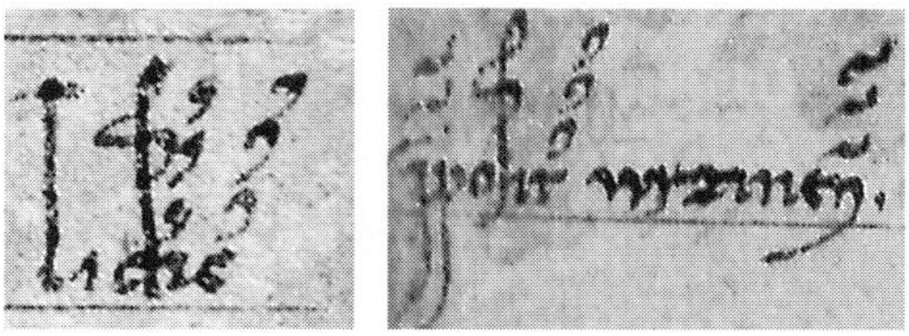

Abb. 56 Ausschnitt mit dem Namen des Propstes Dietrich von Wurzen aus der Urkunde von 1206

Wurzen wurde 961 in der Schreibweise „Vurcine" erstmals urkundlich erwähnt und steht damit zusammen mit Eilenburg an dritter Stelle der früh belegten Ortsnamen in Sachsen. Um 965 ist Wurzen möglicherweise in einem Reisebericht des jüdischen Händlers Ibrahim ibn Jacub erwähnt. Jener berührte auf dem Weg von Magdeburg nach Prag einen Ort an der Mulde, bei dem jedoch in der Forschung umstritten ist, ob es sich um Wurzen oder das etwas südlich davon gelegene Nerchau handelt. Die genaue Identifizierung ist erschwert, weil der nur auszugsweise in Werken späterer Geographen wiedergegebene Reisebericht keinen exakt zuordenbaren Namensbeleg liefert.[20] Der Ortsname ist slawischer Herkunft. Er ist vielleicht von einem Personennamen abgeleitet, könnte aber auch zum altsorbischen „vorčeti" für „knurren" gehören. Im letztgenannten Fall wäre er vielleicht eine Beschreibung für das Geräusch des Wassers der am Ort vorbeifließenden Mulde.

Im Wurzener Gebiet konnten sich die Bischöfe von Meißen bis zum 11. Jahrhundert gegen hier ebenfalls angemeldete Herrschaftsansprüche der Bischöfe von Merseburg durchsetzen. Das zum Hochstift Meißen

19 Ein Schock Groschen entspricht 60 Groschen, anderthalb Schock also 90 Groschen.

20 Die Hauptschwierigkeit besteht darin, dass die Art und Weise, wie die altsorbische Namensform aus den vorhandenen Angaben in arabischer Sprache rekonstruiert werden kann, umstritten ist. Es gibt vor allem die Lesarten Burdschin und Nurndjin, wobei erstere eher für Wurzen, letztere aber eher für Nerchau spricht.

gehörende Wurzener Land umfasste letztlich etwa die Burgwarde Wurzen und Püchau. In Wurzen wurde 1114 ein dem Hochstift Meißen nachgeordnetes Kollegiatstift gegründet. In der Urkunde vom 31. März 1206 war der damalige höchste Würdenträger dieses Stifts, der Propst Dietrich, einer der Zeugen.

Eine zunächst slawische Burganlage gab es in Wurzen schon seit dem 9. Jahrhundert. Seit dem 12./13. Jahrhundert erfolgte ein steinerner Ausbau der nunmehr bischöflichen Burg, die im 15. Jahrhundert durch das Schloss überbaut wurde. Der von 1487 bis 1518 amtierende Meißner Bischof Johann VI. von Saalhausen bestimmte Wurzen bald nach seinem Amtsantritt zur bischöflichen Hauptresidenz.

Die unter der Burg befindliche Siedlung wurde ab etwa 1150 zu einer Stadt ausgebaut, die später auch ummauert wurde. Bei der Stadtgründung hat wahrscheinlich Bischof Gerung von Meißen, der von 1154 bis 1170 amtierte, eine wesentliche Rolle gespielt.

Das Wurzener Stiftsgebiet bewahrte auch nach der Resignation des letzten Meißner Bischofs im Jahr 1581 für Jahrhunderte noch eine staatsrechtliche Sonderstellung. Die Kurfürsten von Sachsen waren hier fortan in ihrer Eigenschaft als Administratoren des formal weiterbestehenden Hochstifts Meißen Landesherren. Für das Stiftsterritorium um Wurzen gab es mit der Stiftsregierung und dem Stiftskonsistorium zwei besondere Oberbehörden. Erst mit deren Auflösung 1818 verlor das Gebiet seinen Sonderstatus. Bis auf den Nordteil, der 1815 im Gefolge des Wiener Friedens an Preußen gefallen war, wurde es nunmehr vollständig in das Königreich Sachsen eingegliedert.

Zehmen

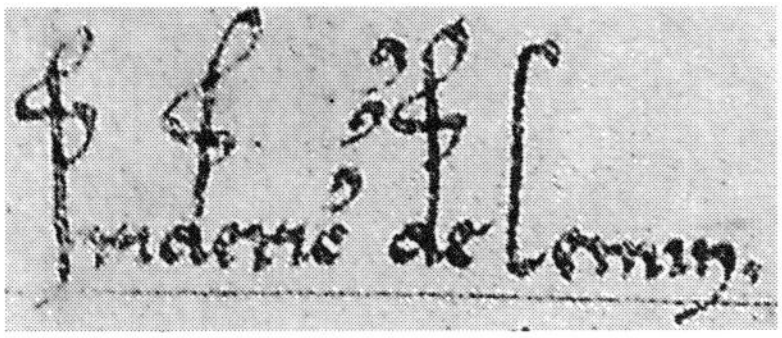

Abb. 57 Urkundenausschnitt „Fridericus de Cemin“

Der Urkundenzeuge von 1206, Friedrich von Zehmen, steht in der Zeugenreihe zwischen Reichsministerialen und ist somit wahrscheinlich auch dem Reichsministerialenstand zuzuordnen. Im 13. und 14. Jahrhundert sind Mitglieder der 1206 erstmals erwähnten Familie sowohl im Umfeld der Markgrafen von Meißen als auch der Burggrafen von Altenburg nachweisbar. Mit dem zunehmenden Landesausbau der Markgrafen von Meißen bzw. späteren Kurfürsten von Sachsen im Spätmittelalter verstärkte sich die Bindung der Familie von Zehmen an dieses Fürstenhaus. Die später in mehreren Gebieten Mittel- und Ostdeutschlands begüterte Familie hatte bis 1945 auch noch Besitzungen in Sachsen inne.

Stammort der Familie ist mit großer Wahrscheinlichkeit das 1957/58 wegen des Braunkohlentagebaus Espenhain abgebrochene Dorf Zehmen südlich von Leipzig, für das die Urkunde von 1206 daher wohl die Ersterwähnung ist. Für Zehmen und gegen das ebenfalls in Erwägung gezogene Zehma südlich von Altenburg spricht die Tatsache, dass die Familie von Zehmen bis 1596 tatsächlich im Besitz des Rittergutes im erstgenannten Ort war. Zudem deuten auch sprachliche Gründe auf die Zuordnung des Belegs von 1206 zum Dorf Zehmen.

Das ehemals an der Pleiße gelegene Zehmen war auch Standort einer Pfarrkirche. Abb. 58 zeigt Dorf und Rittergut Zehmen sowie das südliche Nachbardorf Rüben auf einem Luftbild von 1929. Gut erkennbar sind die Ortsformen beider Dörfer. Zehmen war ein Gassendorf, Rüben ein Sackgassendorf. Beide Dorfformen deuten auf slawischen Ursprung der Orte, ebenso ihre von slawischen Personennamen abgeleiteten Ortsnamen. Sichtbar sind auch der sich an das Rittergut Zehmen anschließende Park und die Pleißenaue mit den Altarmen des Flusses. Die gesamte hier gezeigte Fläche ist inzwischen durch Braunkohlentagebau überbaggert und in völlig veränderter Form rekultiviert worden.

Abb. 58 Dorf und Rittergut Zehmen (oben) sowie Dorf Rüben (unten), Luftaufnahme von 1929, Norden ist oben

Zetzscha

Abb. 59 Urkundenausschnitt „Bernhardus de Sessov"

Für das 1994 nach Altenburg eingemeindete Zetzscha ist die Nennung Bernhards von Zetzscha als einer der Urkundenzeugen vom 31. März 1206 die Ersterwähnung. Mitglieder der zur Reichsministerialität des Pleißenlandes gehörenden Familie sind von 1206 bis 1244 mehrfach belegt.

Der Ortsname steht für zwei benachbarte Orte, Ober- und Unterzetzscha, die erstmals 1244 als „Scesowe superior" bzw. 1290 als „Schezouwe inferior" mit diesen Namenszusätzen in lateinischer Sprache belegt sind.

Beide Teilorte sind verhältnismäßig kleinen Ortsformen zuzuordnen. Oberzetzscha, wo sich auch ein Rittergut befand, war ursprünglich ein Weiler. Unterzetzscha bestand 1445 nur aus zwei Höfen und einer Mühle. Der slawische Ortsname ist von einem Personennamen etwa in der Form Čeč oder Češ abgeleitet. Zumindest das etwas größere Oberzetzscha, das auch eine für die slawische Zeit typische Ortsform aufweist, dürfte somit schon vor dem um 1150 im Reichsterritorium Pleißenland einsetzenden hochmittelalterlichen Landesausbau entstanden sein.

In der Urkunde sind somit unter Einschluss von Dresden 36 Orte erwähnt, davon 18 erstmals. Es fällt auf, dass fast alle in der Umgebung Dresdens gelegenen Orte hier erstmals auftreten, während für die weiter westlich gelegenen häufig frühere Erwähnungen nachweisbar sind. Dies veranschaulicht das Fortschreiten des hochmittelalterlichen Landesausbaus in östlicher Richtung. In der Zeit um 1200 war dieser Entwicklungsprozess im Raum um Dresden, wie die Urkunde von 1206 zeigt, bereits weit fortgeschritten. Der hochmittelalterliche Landesausbau im Gebiet der damaligen Markgrafschaft Meißen ist etwa auf die Zeit von 1150 bis 1250 anzusetzen. In das bis dahin vorwiegend sorbisch besiedelte Gebiet mit noch sehr geringer Bevölkerungsdichte und Beschränkung der Besiedlung auf Siedlungsinseln, zwischen denen unerschlossene Gebiete lagen, wanderten damals zahlreiche deutsche Kolonisten aus den westlichen und südlichen Teilen des Heiligen Römischen Reiches ein, die die bisherige Bevölkerung um ein Mehrfaches übertrafen. Anreiz für die Auswanderung in östliche Reichsteile waren neben dem durch Bevölkerungswachstum verursachten Auswanderungsdruck die günstigen rechtlichen Konditionen, die den Neuansiedlern geboten wurden. In der Mark Meißen waren die Silberfunde im Gebiet der späteren Stadt Freiberg im Jahr 1168, die bald zu einem florierenden Bergbau führten, ein wesentlicher zusätzlicher Anreiz für Einwanderung. Insbesondere durch umfangreiche Rodungen kam es jetzt zu einscheidenden Veränderungen der zuvor in weiten Gebieten noch sehr naturnahen Landschaft. Zwischen 1100 und 1300 ist von einer durch Einwanderung und Geburtenüberschuss verursachten starken Bevölkerungszunahme auszugehen. Auf dem Gesamtgebiet des heutigen Freistaats Sachsen gab es um 1100 höchstens etwa 50.000 Einwohner, zwei Jahrhunderte später waren es wahrscheinlich etwas über 400.000. Erst in der Zeit von 1150 bis 1250 kam es im Markengebiet zur Gründung von Städten. Zahlreiche Dörfer wurden neu gegründet, andere aufgesiedelt. Die sorbische Bevölkerung wurde dabei nicht verdrängt. Sie nahm in dieser Zeit ebenfalls zu und war am Landesausbau beteiligt. Erst in den nachfolgenden Jahrhunderten ging sie im Gebiet der Markgrafschaft Meißen allmählich in der zahlenmäßig weit größeren deutschen Bevölkerung auf.

LITERATURAUSWAHL

800 Jahre Erdmannsdorf. 1196 – 1996. Beiträge zur Ortsgeschichte, Erdmannsdorf 1996.

Joachim Bahlcke/Winfried Eberhard/Miloslav Polívka, Handbuch der historischen Stätten. Böhmen und Mähren, Stuttgart 1998.

Susanne Baudisch, Burgen und Herrensitze in Nordwestsachsen. Ausgang 11. Jahrhundert bis Mitte 14. Jahrhundert, Teil 1 und 2, Regis-Breitingen 1996.

Dies., Lokaler Adel in Nordwestsachsen. Siedlungs- und Herrschaftsstrukturen vom späten 11. bis zum 14. Jahrhundert (Geschichte und Politik in Sachsen, 10), Köln/Weimar/Wien 1999.

Dorothea v. Below u. a., Döben, Döben 1998.

Gerhard Billig/Heinz Müller, Burgen. Zeugen sächsischer Geschichte, Neustadt a. d. Aisch 1998.

Ders./André Thieme, Irrweg und Stagnation – Gedanken zur Quellengrundlage und Wirkung der neuen Publikationen von Reinhard Spehr zur Frühgeschichte von Dresden und der Oberlausitz, in: Burgenforschung aus Sachsen 14 (2001), S. 121 – 131 und 15/16 (2003), S. 178 – 197.

Karlheinz Blaschke, Der Fürstenzug zu Dresden. Denkmal und Geschichte des Hauses Wettin, Leipzig/Jena/Berlin 1991.

Ders., Stadtgrundriß und Stadtentwicklung. Forschungen zur Entstehung mitteleuropäischer Städte (Städteforschung, A 44), Köln/Weimar/Wien 1997.

Heinrich Butte, Geschichte Dresdens bis zur Reformationszeit (Mitteldeutsche Forschungen, 54), Köln/Graz 1967.

Ders., Die Urkunde von 1206, in: Dresdner Vorschau, 1956, H. 23, S. 5f.

Dresdner Geschichtsverein e. V. (Hrsg.), Dresden. Die Geschichte der Stadt von den Anfängen bis zur Gegenwart, Dresden 2002.

Ders. (Hrsg.), Dresden im Mittelalter (Dresdner Hefte, 65), Dresden 2001.

Ernst Eichler/Hans Walther (Hrsg.), Historisches Ortsnamenbuch von Sachsen, Bd. 1 – 3, Berlin 2001.

Dies., Untersuchungen zur Ortsnamenkunde und Sprach- und Siedlungsgeschichte des Gebietes zwischen mittlerer Saale und Weißer Elster (Deutsch-slawische Forschungen zur Namenkunde und Siedlungsgeschichte, 35), Berlin 1984.

Eike Gringmuth-Dallmer, Die Entwicklung der frühgeschichtlichen Kulturlandschaft auf dem Territorium der DDR unter besonderer Berücksichtigung der Siedelgebiete (Schriften zur Ur- und Frühgeschichte, 35), Berlin 1983.

Britta Günther, Schloss Augustusburg, Leipzig 2000.

Lars Herrmann, Dresdner Stadtteile, Internetpublikation unter http://www.dresdner-stadtteile.de (21. Juli 2005).

Christine Klecker, Wie Dohna verlorenging, Weesenstein 1991.

Katja Kliemann, Ausgrabungen am Schloß und am Kanzleihaus. Die Besiedlung am Rande der mittelalterlichen Burg, in: Dresdner Geschichtsbuch 4 (1998), S. 7 – 21.

Manfred Kobuch, Der Burgward Pesterwitz – Ein Irrtum, in: Neues Archiv für sächsische Geschichte 68 (1997), S. 313 – 326.

Ders., Zur Lagebestimmung der Wirtschaftshöfe des staufischen Tafelgüterverzeichnisses im meißnischen Markengebiet, in: Lutz Fenske (Hrsg.), Deutsche Königspfalzen. Beiträge zu ihrer historischen und archäologischen Erforschung, Bd. 4, Pfalzen – Reichsgut – Königshöfe (Veröffentlichungen des Max-Planck-Instituts für Geschichte, 11/4), Göttingen 1996, S. 308 – 376.

Rudolf Kötzschke, Ländliche Siedlung und Agrarwesen in Sachsen, Remagen 1953.

Frank-Lothar Kroll (Hrsg.), Die Herrscher Sachsens. Markgrafen, Kurfürsten, Könige 1089 – 1918, München 2004.

Eckhart Leisering, Die Ersterwähnungsurkunde von Dresden vom 31. März 1206, in: Dresdner Geschichtsbuch 2 (1996), S. 185 – 189.

Alfred Meiche (Bearb.), Historisch-Topographische Beschreibung der Amtshauptmannschaft Pirna, Dresden 1927.

Horst Naumann, Nurndjin oder Burdschin/Wuadzin?, in: Der Rundblick. Monatsschrift für Kultur und Heimat der Kreise Wurzen – Oschatz – Grimma 11 (1964), S. 261 – 265.

Eva Papke, Festung Dresden. Aus der Geschichte der Dresdner Stadtbefestigung, Dresden 1997.

Hans Patze, Recht und Verfassung Thüringischer Städte (Thüringische Archivstudien, 6), Weimar 1955, S. 89 – 103 (Eisenberg).

Ders./Peter Aufgebauer (Hrsg.), Handbuch der historischen Stätten Deutschlands, Bd. 9, Thüringen, Stuttgart 1989.

Stefan Petzold, Die frühen Wettiner. Adelsfamilie und Hausüberlieferung bis 1221 (Geschichte und Politik in Sachsen, 6), Köln/Weimar/Wien 1997.

Heidi Pimpl/Klaus Wirth, Dresden im Mittelalter. Die Ausgrabungen am südlichen Altmarkt, in: Dresdner Geschichtsbuch 2 (1996), S. 7 – 19.

Hans-Jürgen Pohl, Das Burggrafenschloss zu Meißen. Bauwerke des Burggrafenhofes einst und heute, Oschatz 2000.

Heinz Reich/Helga Reich, Tausendjähriges Kohren-Sahlis 974 – 1974, Kohren-Sahlis 1974.

Willi Rittenbach/Siegfried Seifert, Geschichte der Bischöfe von Meißen 968 – 1581 (Studien zur katholischen Bistums- und Klostergeschichte, 8), Leipzig 1965.

Dieter Rübsamen, Kleine Herrschaftsträger im Pleißenland. Studien zur Geschichte des mitteldeutschen Adels im 13. Jahrhundert (Mitteldeutsche Forschungen, 95), Köln/Wien 1987.

Armin Rudolph, Archäologische Aspekte zur Geschichte von Wahren bei Leipzig im Hochmittelalter, in: Arbeits- und Forschungsberichte zur sächsischen Bodendenkmalpflege 33 (1989), S. 289 – 308.

Harald Schieckel, Die ersten Gäste Dresdens vor 750 Jahren, in: Heimatkundliche Blätter aus Geschichte und Natur Sachsens, 1956, H. 12/13, S. 37 – 42.

Ders., Herrschaftsbereich und Ministerialität der Markgrafen von Meißen im 12. und 13. Jahrhundert. Untersuchungen über Stand und Stammort der Zeugen markgräflicher Urkunden (Mitteldeutsche Forschungen, 7), Köln/Graz 1956.

Walter Schlesinger (Hrsg.), Handbuch der historischen Stätten Deutschlands, Bd. 8, Sachsen, Stuttgart 1965.

Reinhard Spehr, Das Wüste Schloss Osterlant. Eine archäologische Baugeschichte, Oschatz 2005.

Ders./Herbert Boswank, Dresden. Stadtgründung im Dunkel der Geschichte, Dresden 2000.

Staatliche Kunstsammlungen Dresden (Hrsg.), Das Dresdner Schloß. Monument sächsischer Geschichte und Kultur, Dresden 1992.

Folke Stimmel u. a., Stadtlexikon Dresden, Dresden 1998.

Horst Torke, Landkreis Sächsische Schweiz. Die Städte und Gemeinden zwischen Valtenberg und Oelsener Höhe in einem historischen Streifzug, Pirna 1996.

Heinz-Joachim Vogt, Mittelalterliche Funde aus der Gemarkung Kohren-Sahlis, Kr. Geithain, in: Arbeits- und Forschungsberichte zur sächsischen Bodendenkmalpflege 18 (1968), S. 389 – 433.

ABBILDUNGEN

1–2 Sächsisches Staatsarchiv, Hauptstaatsarchiv Dresden (nachfolgend HStADD), 10001 Ältere Urkunden, Nr. 148

3 HStADD, 10001 Ältere Urkunden, Nr. 156

4 Eberhard Kammer, Chronist Pesterwitz

5 © Landesamt für Archäologie Sachsen

6 HStADD, Dienstbibliothek, Sb 2 (folio), Thuringia sacra, sive historia monasteriorum, quae olim in Thuringia floruerunt; ... accedunt Samuelis Reyheri Monumenta Landgraviorum Thuringiae et marchionum et sigillis adornata, Frankfurt [Main] 1737

7 HStADD, 10001 Ältere Urkunden, Nr. 148

8 HStADD, 12856 Domkapitel Meißen (Depositum), Nr. 20

9 HStADD, 10001 Ältere Urkunden, Nr. 331

10 HStADD, 10001 Ältere Urkunden, Nr. 148

11 HStADD, 10001 Ältere Urkunden, Nr. 56

12 © Landesamt für Archäologie Sachsen, Walter Hahn

13 © Landesamt für Archäologie Sachsen

14 HStADD, 10001 Ältere Urkunden, Nr. 200

15 Museen der Stadt Dresden – Städtische Galerie

16–17 HStADD, 10001 Ältere Urkunden, Nr. 148

18 Sächsische Landesbibliothek – Staats- und Universitätsbibliothek Dresden, Abt. Deutsche Fotothek (nachfolgend SLUB/Dt. Fotothek)/Oskar Kaubisch

19 HStADD, 10001 Ältere Urkunden, Nr. 148

20 SLUB/Dt. Fotothek

21–22 HStADD, 10001 Ältere Urkunden, Nr. 148

23 HStADD, 12880 Siegel, Schrank 5, Städte, Dohna

24–33 HStADD, 10001 Ältere Urkunden, Nr. 148

34 SLUB/Dt. Fotothek/Klaus-Dieter Schumacher

35–36 HStADD, 10001 Ältere Urkunden, Nr. 148

37 HStADD, Dienstbibliothek, O 63, Anton Frind, Die Kirchengeschichte Böhmens im allgemeinen und in ihrer besonderen Beziehung auf die jetzige Leitmeritzer Diöcese, Bd. 1, Prag 1864

38–40 HStADD, 10001 Ältere Urkunden, Nr. 148

41 HStADD, 12880 Siegel, Schrank 5, Städte, Meißen

42–47 HStADD, 10001 Ältere Urkunden, Nr. 148

48–57 SLUB/Dt. Fotothek/Torke

58 SLUB/Dt. Fotothek/R.

59 HStADD, 10001 Ältere Urkunden, Nr. 148